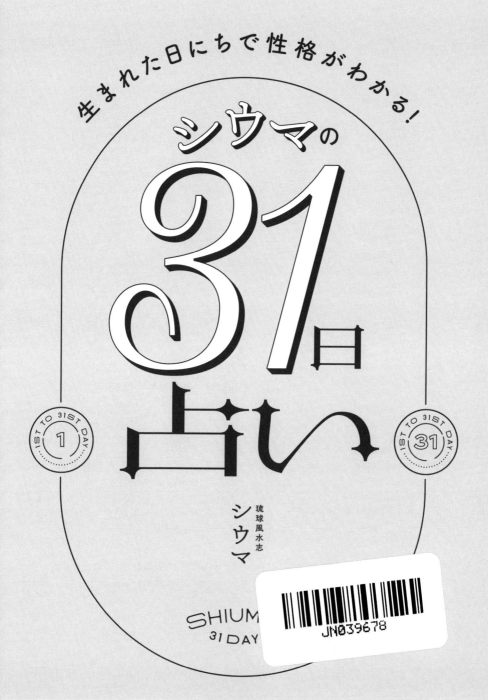

生まれた日にちで性格がわかる！

シウマの

31日

占い

琉球風水志
シウマ

1ST TO 31ST DAY 1

1ST TO 31ST DAY 31

SHIUMA
31 DAY

JN039678

主婦の友社

はじめに

運をよくするのは、むずかしくない

「生まれた日にち」は、あなたの性格や行動パターン、運命に大きな影響を与えています。何日に生まれたかによって、あなたの運命は大きく左右されるといっても、いいすぎではありません。

実は、運をよくするのはそんなにむずかしいことではありません。自分のことをよく理解して正しい開運法を知り、できることから少しずつ実践していけば、運気はよい方向に変わっていくでしょう。

この本では、それぞれの日にちが持つ特徴や開運法をお伝えしています。基本的な性格から人づき合いのコツ、恋愛や仕事面でのアドバイス、幸運を呼ぶアイテムや場所など、さまざまな情報をできる限りご紹介します。楽しみながら日常に生かしてください。

私が教えている「数意学」は、姓名判断に基づき、のべ5万人以上の鑑定結果から独自に編み出した統計学です。

数意学は、それぞれの数字にエネルギーがあり、人生に影響を与えていると考えます。「数意学」では、よい影響を引き寄せる「吉数」と悪影響を引き寄せてしまう「凶数」に分かれます。「吉数」をとり入れることによって、運気はよい方向に変化していくでしょう。

自分や家族や友人の誕生日の日にちのページを読むと、「あー、当たっている」という部分がたくさん出てくるはずです。

目　次

CONTENTS

この本の使い方

●全体運
基本的な性格と人生
の傾向、人生をより
よくするためのアド
バイスです。

●見守り梵字（ぼんじ）
身近に置いておくと
守護力を発揮し、運
気を上げるお守りと
なります。

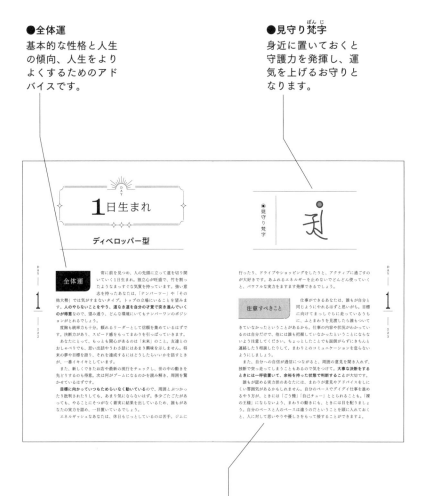

●注意すべきこと
トラブルを避けて目標を
達成するために知ってお
くとよい、性格の傾向お
よび改善点です。

●恋愛に関して
全体的な恋愛傾向や、幸せになれる恋愛パターンなどのアドバイスです。

●健康に関して
健康面における注意事項です。

この本の使い方

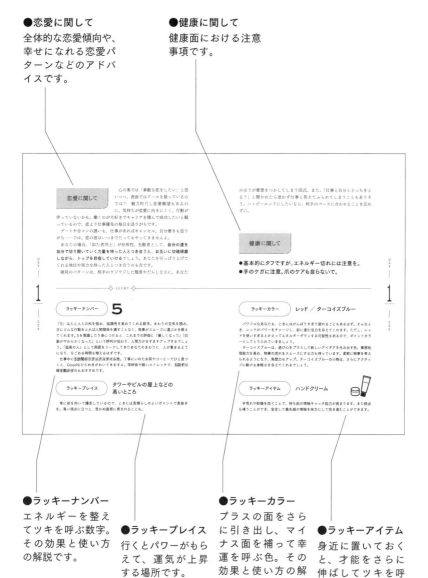

●ラッキーナンバー
エネルギーを整えてツキを呼ぶ数字。その効果と使い方の解説です。

●ラッキープレイス
行くとパワーがもらえて、運気が上昇する場所です。

●ラッキーカラー
プラスの面をさらに引き出し、マイナス面を補って幸運を呼ぶ色。その効果と使い方の解説です。

●ラッキーアイテム
身近に置いておくと、才能をさらに伸ばしてツキを呼ぶアイテムです。

●向いている職業
能力や個性を発揮できる職業と、その分野で成功するためのアドバイスです。

●サポートしてくれる人とタイミングが合わない人
人生に影響を与える人、その人とのかかわり方についてのアドバイスです。

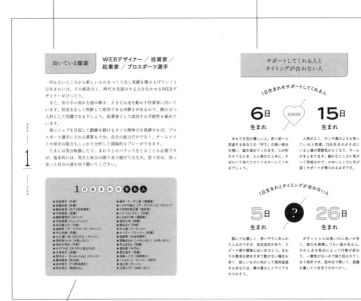

●この日に生まれた有名人
芸能人やスポーツ選手など、この日に生まれた有名人を紹介しています。
※順不同
※歴史上の人物などはグレゴリオ暦の生年月日を用いています。

この本を読む前に知っておいてほしいこと

数字の持つ力が、運気を左右する

　私が教えている「数意学」とは、長い歴史を持つ姓名判断に基づいて、のべ5万人以上を鑑定した結果をもとに、独自に編み出した統計学です。

　数字には運気に影響を与えるエネルギーがあります。よい影響を引き寄せる「吉数」と、悪影響を引き寄せてしまう「凶数」があり、この「吉数」をどんどんとり入れて運気をよくしようというのが「数意学」の考え方です。

　名前の画数はもちろんですが、携帯電話の下4けたやカードの暗証番号など、身近な数字を足した数がその人の運気に影響を与えます。ですが、そのうち画数や身近な数字だけでは説明がつかない運気を持った人がいることに気がつきました。

　画数から見る運気はいまひとつなのにもかかわらず、強い運気を持った人。反対に、すばらしい画数の持ち主でありながら、なかなか運気の上がらない人。
「まだ何か重要な数字の要素がある」、そう確信した私は、別の角度から独自の統計をとり始めました。

　そうして浮かび上がってきたのが「生まれた日にち」で運気を鑑定する「31日占い」なのです。

　最初に与えられ、以後変わることのない一番身近な数字である「生まれた日にち」は、あなたの運気と強く結びついています。

コミュニケーションがむずかしいと感じる、その理由

　私に届く相談内容に「他人とのコミュニケーションがうまくいかない」という悩みが年々増えています。私は、この傾向に違和感を覚えました。

　現代のコミュニケーションは、相手と直接対面して交わすものだけではありません。電話やメール、LINE、SNSなどの普及により、他者とコミュニケーションをとる機会は圧倒的に増えているはずです。自宅にいても、電車の中でも、いつでも遠くの誰かとつながる時代なのです。ということは、一昔前に比べて、むしろコミュニケーションをとるのが上手な人が増えていてもおかしくないはずと不思議に思った私は、その原因を探ってみることにしました。

　そのうち、コミュニケーションをとることに苦手意識があるという人たちからの話を聞いていくと、コミュニケーションをとる機会は増えていても、人と人との関係性は浅くなっているのではないかと考えるようになりました。

　絵文字やスタンプなどで、気軽に感情表現をすることができますが、顔と顔を合わせた会話で、絵文字は使えません。自分の言葉、声色、表情、身ぶりなど、さまざまな要素を用いて相手に気持ちを伝えなくてはならないのです。

　また、SNSは「限りなく自由なコミュニケーションツール」です。自分の好きな話題にだけ参加すればいいですし、交流を深める前に、あらかじめ相手のプロフィールなどから趣味嗜好を探ることもできます。見たくないものは見ずに、好きなところだけつまむことができるのです。

相手を知ることで、人間関係はうまくいく

　日々の暮らしでは、苦手な上司や取引先、突然知人から紹介された人など、交流することを避けられないときがたくさんあります。

　もちろん、メールやLINE、SNSなどを批判しているわけではありません。私自身も活用しています。しかし、どんなに便利なサービスが世の中に登場しても、結局使うのは人間です。オフラインでもオンラインでも、必ず相手がいて初めてコミュニケーションが成立します。

　円滑なコミュニケーションをとるうえで、一番大事なことは「相手を知ること」です。相手がどのような性格や考え方を持っているかがわかれば、自然と仲よくなることができるでしょう。

　その「相手を知る」ための、最初の気軽なツールとして、この本がお役に立てればうれしいです。

性格がわかれば、コミュニケーションはうまくいく

　他人とコミュニケーションをとるとき、実際に「31日占い」を使った具体的な例を紹介します。

・「何をするにもかみ合わず、お互いに不満ばかりがたまる上司がいたが、生まれた日にちから上司の性格がわかり、対策を立てることで仕事もスムーズに進むようになった」

・「発言や行動など、小さなことだがときおりイラッとさせられる友人。自分とは違う考え方の持ち主とわかってからは、受け流せるようになった」

・「なかなか進展しない好きな人の生まれた日にちを知って、グイグイ迫るアプローチではなく、ちょっと遠回しな間接的なものにしたら、ビックリするほど仲よくなれた」

　このように相手の性格を知ることでよりよいコミュニケーションがとれるのです。

自分を知って、よりよい行動を

　また、相手の性格だけでなく、自分自身を理解することも重要です。「自分の悪いところはわかっているんだけど……」という人でも、弱点というものはなかなか直せないものです。悪いところを認めることができているならまだしも、弱点自体に気づくことができず、実はまわりの人は引いていた……なんてことになると、あなたが他人とコミュニケーションをとるうえで大きなハンデとなってしまいます。

　そうならないためにも、自分の性格を「生まれた日にち」から理解し、弱点を意識して行動すれば、運気はよい方向に好転していくでしょう。

迷ったら使ってほしい「5大吉数」

　数字はその人の運気に影響を与えます。ここで、あなた自身のラッキーナンバーと組み合わせて、毎日の生活で意識してほしい「5大吉数」を紹介します。

　この数字は、どんな状況でも総合的に活用できる数字です。どんな数字を生活にとり入れればいいか迷ったり、自分のラッキーナンバー以外にも何か意識したい、というときは、この数字を選ぶことをおすすめします。

5大吉数

15

　幸せな恋愛や結婚、子宝に順風満帆な家庭、若さや美しさといった美貌に関するものまでカバーする、女性の幸せを司る最強の数字です。女性ならまず意識してもらいたい数字ナンバーワンですね。

24

　物事を実らせる力を象徴する数字です。健康運や恋愛運に強い幸せな数字ですが、なんといっても一番は金運。強力な力であなたのもとにお金を引き寄せます。「実らせる」という性質から、子どもが欲しい方にもおすすめの数字です。

31

　円滑な人間関係を結んでくれる数字。信頼できる上司のもとで気持ちのいい仕事ができたり、あなた自身にも人望が集まり、たくさんの人にサポートしてもらえるようになるでしょう。プライベートでも気の置けない友人ができたりと、公私ともに充実するはずです。

32

　チャンスを手元に引き寄せる数字です。引き寄せるだけでなく、ここ一番というときに結果も出せるようになる、ラッキーがラッキーを呼ぶ数字といえるでしょう。くじ運などのツキも回り、幸運が転がり込んできます。

52

　金運に強い数字ですが、アイデアやひらめきといった、インスピレーションの部分を刺激してくれる数字です。また、そのインスピレーションがきちんと結果になります。芸能関係や、アーティスティックな仕事をしている人、目指している人にぴったりです。

あなたを守護する見守り梵字

見守り梵字とは

「梵字」とは、もともと古代インドでサンスクリット語を書くのに用いられた文字です。日本には奈良時代に伝えられ、霊的で神聖な力があるとして仏教などで使われてきました。しかし、この「見守り梵字」は私のオリジナルで、霊的なものというよりは「おまじない」のような気持ちを、安定させる役目のためにつくりました。

ここでは、生まれた日にちに合った「見守り梵字」を紹介します。生まれた日にちとリンクして、あなたを守護してくれるでしょう。

見守り梵字の使い方

「見守り梵字」は、生まれた日にちに合わせて作成しています。ですので、同じ形を自分で書いてもOKです。個人的には、自分自身で書くことをおすすめします。もちろん、この本の「見守り梵字」をコピー、スキャンしたりして使ってもOKです。

　ノートや手帳などに書き写す、財布や定期入れに入れる、携帯電話、スマホの待受画面にするなどして、いつも身近にこの「見守り梵字」を感じ、お守りのような感覚で使ってください。

「見守り梵字」の玉の部分を自分のラッキーカラーで塗ると、文字の力に色のパワーが加わり、さらに守護力が高まります。

1日〜31日の見守り梵字は次ページ

１日〜３１日の見守り梵字

《1》

《2》

《3》

《4》

《5》

《6》

《7》

《8》

《9》

《10》

《11》

《12》

《13》

《14》

《15》

《16》

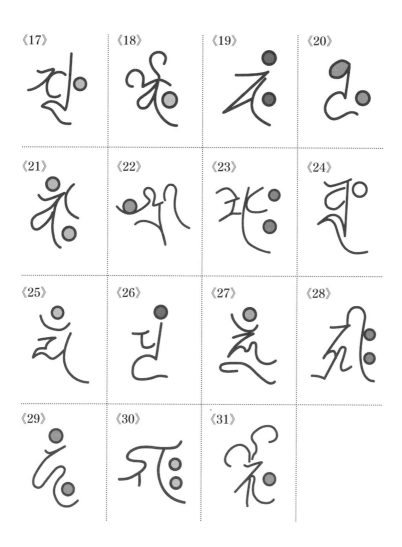

ラッキーナンバーの使い方

　この本で紹介しているラッキーナンバーは、あなたのエネルギーを整え、ツキを呼んでくれる数字です。数字は同じ性質のエネルギーを引き寄せる力を持っているので、ラッキーナンバーが身近にあればあるほど、強運を呼び寄せることができます。

　ラッキーナンバーの力で開運するためには、次のような使い方があります。自分に合った使い方を見つけて、運をチャージしてください。

【行動編】
・大切な約束やデートなどは、ラッキーナンバーの日付を選ぶ。
・レストランの席やロッカー、駐車場などは、ラッキーナンバーを選ぶ。
・ラッキーナンバーの時刻に、メールや電話を発信する。
・ラッキーナンバーの回数だけ、ストレッチやエクササイズをする。
・メールアドレスにラッキーナンバーを入れる。

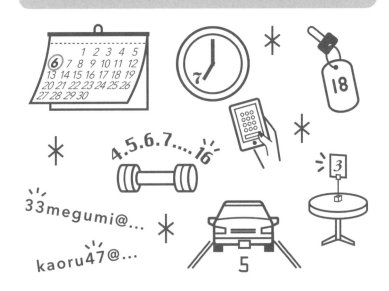

【持ち物編】

・携帯電話、スマホの番号（下4けたの数字を足した数）をラッキーナンバーに変える（都合で変えられない人は、携帯電話、スマホの端末暗証番号を変えてもOK）。

・キャッシュカードの暗証番号の数字を足した数を、ラッキーナンバーに変える。

・携帯電話、スマホの待受画面にラッキーナンバーをデザインする（シールでも可）。

・パソコンのホーム画面にラッキーナンバーをデザインする（シールでも可）。

・財布やポーチ、定期入れ、手帳など、いつも持ち歩くものにラッキーナンバーを書いた紙を入れる。

・ラッキーナンバーが書かれたキーホルダーをつける。

生まれた日にちの持つ性質カテゴリー表

　生まれた日にちの持つ性質は、大きく10のグループに分類することができます。それぞれの共通点を知ることで、自分の生まれた日にちの性質がよりわかりやすくなるでしょう。

生まれた日にち別　あなたの基本的性格

あなたのタイプ	生まれた日にち	基本的性格
ディベロッパー型	（生まれた日にちの数字を足すと1になるグループ）1日、10日、19日、28日	みんなの先頭に立ちたい、自分の道を切り開いていきたいタイプ。
サポーター型	（生まれた日にちの数字を足すと2になるグループ）2日、20日	細かいところに気がつくタイプ。補佐的な立場で能力を発揮する。
チャイルド型	（生まれた日にちの数字を足すと3になるグループ）3日、12日、21日、30日	子どもっぽいのが特徴。愛嬌があるので、笑って許されるのが売り。
ピラミッド型	（生まれた日にちの数字を足すと4になるグループ）4日、13日、22日、31日	ピラミッドを建設するようにコツコツと努力を積み、目的を達成するタイプ。
コミュニケーター型	（生まれた日にちの数字を足すと5になるグループ）5日、14日、23日	コミュニケーション能力が高く、人と人をつなぐのが得意なタイプ。

あなたのタイプ	生まれた日にち	基本的性格
シャーマン型	（生まれた日にちの数字を足すと6になるグループ）6日、15日、24日	直感力にすぐれており、霊感を持つ場合も。幸運を引き寄せやすいタイプ。
グレート型	（生まれた日にちの数字を足すと7になるグループ）7日、16日、25日	人間的な器が大きいうえ、懐が深い。リーダーに適しているタイプ。
ストロンガー型	（生まれた日にちの数字を足すと8になるグループ）8日、17日、26日	生来、体が丈夫で体力があるばかりか、気力にも満ちあふれたタイプ。
エリート型	（生まれた日にちの数字を足すと9になるグループ）9日、18日、27日	頭のキレも回転も速い頭脳派タイプ。プライドが高く、形にこだわる。
ドリーマー型	11日、29日	自分の夢や目標を追いかける夢追い人。努力もするため、夢を実現しやすい。

1日生まれ

ディベロッパー型

全体運

　　常に前を見つめ、人の先頭に立って道を切り開いていく1日生まれ。独立心が旺盛で、竹を割ったようなまっすぐな気質を持っています。強い意志を持ったあなたは、「ナンバーツー」や「その他大勢」では気がすまないタイプ。トップの立場にいることを望みます。**人のやらないことをやり、道なき道を自分の才覚で突き進んでいくのが得意**なので、望み通り、どんな環境にいてもナンバーワンのポジションがとれるでしょう。

　　度胸も統率力も十分。頼れるリーダーとして信頼を集めているはずです。決断力があり、スピード感をもってまわりを引っぱっていきます。

　　あなたにとって、もっとも関心があるのは「未来」のこと。友達とのおしゃべりでも、思い出話やうわさ話にはあまり興味を示しません。将来の夢や目標を語り、それを達成するにはどうしたらいいかを話すときが、一番イキイキとしています。

　　また、新しくできたお店や最新の流行をチェックし、世の中の動きを先どりするのも得意。次は何がブームになるのかを読み解き、周囲を驚かせているはずです。

　　目標に向かっていつもためらいなく動いているので、周囲とぶつかったり批判されたりしても、あまり気にならないはず。多少ごたごたがあっても、やることにそつがなく着実に結果を出しているため、誰もがあなたの実力を認め、一目置いているでしょう。

　　エネルギッシュなあなたは、休日もじっとしているのは苦手。ジムに

● 見守り梵字

行ったり、ドライブやショッピングをしたりと、アクティブに過ごすのが大好きです。あふれるエネルギーを止めないでどんどん使っていくと、パワフルな実力をますます発揮できるでしょう。

注意すべきこと

仕事ができるあなたは、誰もが自分と同じようにやれるはずと思いがち。目標に向けてまっしぐらに走っているうちに、ふとまわりを見渡したら誰もついてきていなかったということがあるかも。仕事の内容や状況がわかっているのは自分だけで、他には誰も把握していなかったということにならないよう注意してください。ちょっとしたことでも面倒がらずにきちんと連絡したり相談したりして、まわりとのコミュニケーションを怠らないようにしましょう。

また、自分への自信が過信につながると、周囲の意見を聞き入れず、独断で突っ走ってしまうこともあるので気をつけて。**大事な決断をするときには一呼吸置いて、余裕を持った状態で判断すること**が大切です。

誰もが認める実力派のあなたには、まわりが意見やアドバイスをしにくい雰囲気があるかもしれません。自分のペースでグイグイ仕事を進めるやり方が、ときには「ごう慢」「自己チュー」ととられることも。「裸の王様」にならないよう、まわりの動きにも、ときには目を配りましょう。自分のペースと人のペースは違うのだということを頭に入れておくと、人に対して思いやりや優しさをもって接することができますよ。

恋愛に関して

心の奥では「素敵な恋をしたい」と思いつつ、表面ではクールを装っているのでは？　魅力的だし恋愛願望もあるのに、気持ちが恋愛に向きにくく、行動が伴っていないかも。働くのが大好きでキャリアを積んで成功したいと願っているので、恋より仕事優先の毎日を送りがちです。

デートや合コンの誘いも、仕事があればキャンセル。自分磨きも怠りがち……では、恋の波はいつまでたってもやってきませんよ。

あなたの場合、「似た者同士」が好相性。先駆者として、**自分の道を自分で切り開いていく力量を持った人とつき合うと、お互いに切磋琢磨しながら、トップを目指していける**でしょう。あなたを引っぱり上げてくれる地位や実力を持った人とつき合うのも吉です。

破局のパターンは、相手のウジウジした態度やだらしなさに、あなた

◇　LUCKY　◇

ラッキーナンバー　5

「5」は人と人との和を強め、協調性を高めてくれる数字。まわりの空気を読み、次にどんな行動をとれば人間関係を壊すことなく、物事がスムーズに運ぶかを教えてくれます。5を意識したり身につけると、これまでの評価に「優しくなった」「印象がやわらかくなった」という評判が加わり、人間力がますますアップするでしょう。「孤高の人」として周囲をリードしてきたあなたのまわりに、人が集まるようになり、なごめる時間も増えるはずです。

仕事中に5分間のリラックスタイムを。丁寧にいれたお茶やコーヒーでひと息つくと、Goodなひらめきがわいてきますよ。深呼吸や軽いストレッチで、5回ずつ体を動かすのもおすすめです。

ラッキープレイス　タワーやビルの屋上などの高いところ

常に前を向いて爆走しているので、ときには見晴らしのよいポイントで息抜きを。高い視点に立つと、思わぬ直感に恵まれることも。

のほうが愛想をつかしてしまう図式。また、「仕事と自分とどっちをとる？」と聞かれたら迷わず仕事と答えてふられてしまうこともありそう。ハッピーエンドにしたいなら、相手のペースに合わせることを忘れずに。

健康に関して

● 基本的にタフですが、エネルギー切れには注意を。
● 手のケガに注意。爪のケアも怠らないで。

ラッキーカラー　　レッド ／ ターコイズブルー

　パワフルなあなたも、ときにはがんばりすぎて疲れることもあるはず。そんなとき、レッドがパワーをチャージし、前に進む活力を与えてくれます。ただし、レッドを使いすぎるとかえってエネルギーダウンする可能性もあるので、ポイントカラーとしてとり入れていきましょう。
　ターコイズブルーは、遊び心をプラスして新しいアイデアを生み出す色。事務処理能力を高め、物事の流れをスムーズにする力も持っています。柔軟に物事を考えられるようになり、発想力もアップ。ターコイズブルーの小物は、さらにアクティブに動ける身軽さを与えてくれるでしょう。

ラッキーアイテム　　ハンドクリーム

　手荒れや乾燥を防ぐことで、持ち前の情報キャッチ能力が高まります。また弱点も補うことができ、安定して最先端の情報を味方にして突き進むことができます。

向いている職業

WEBデザイナー ／ 投資家 ／ 起業家 ／ プロスポーツ選手

何もないところから新しいものをつくり出し実績を積み上げていく1日生まれには、その創造力と、時代を先読みする力を生かせるWEBデザイナーがぴったり。

また、世の中の流れを読み解き、大きなお金を動かす投資家に向いています。状況を正しく判断して即決できる冷静さがあるので、腕の立つ人材として活躍できるでしょう。起業家として成功する可能性も秘めています。

常にトップを目指して鍛錬を続けるタフな精神力を発揮すれば、プロスポーツ選手になれる資質も十分。自分の能力だけでなく、チームメイトや相手の能力もしっかり分析した頭脳的なプレーができます。

たまには気分転換したり、まわりとのバランスをとることも必要ですが、基本的には、気力と体力の限り走り続けて大丈夫。思う存分、突っ走って自分の道を切り開いてください。

1日生まれの有名人

★ 林真理子（作家）
★ 高橋克実（俳優）
★ 桑田真澄（元プロ野球選手）
★ 中村雅俊（俳優）
★ 磯野貴理子（タレント）
★ 布袋寅泰（ミュージシャン）
★ 芥川龍之介（作家）
★ 加藤茶［ザ・ドリフターズ］（タレント）
★ 中山美穂（俳優）
★ 小山慶一郎［NEWS］（タレント）
★ 明石家さんま（お笑い芸人）
★ 岡田斗司夫（作家）
★ ダイアナ妃（元イギリス皇太子妃）
★ 米倉涼子（俳優）
★ 堂本光一［KinKi Kids］（タレント）
★ 亀井静香（政治家）
★ 田中将大（プロ野球選手）
★ 武田信玄（戦国大名）

★ 藤子・F・不二雄（漫画家）
★ いかりや長介［ザ・ドリフターズ］（タレント）
★ 9代目林家正蔵（落語家）
★ J.D.サリンジャー（作家）
★ しりあがり寿（漫画家）
★ 役所広司（俳優）
★ 綿矢りさ（作家）
★ 村上隆（アーティスト）
★ モーガン・フリーマン（俳優）
★ 福原愛（元卓球選手）
★ 箕輪はるか［ハリセンボン］（お笑い芸人）
★ 本上まなみ（俳優）
★ 冨永愛（モデル）
★ 東出昌大（俳優）
★ 加藤一二三（将棋棋士）
★ ジャスティン・ビーバー（歌手）
★ 坂上忍（タレント）
★ 江頭2:50（お笑い芸人）

サポートしてくれる人と
タイミングが合わない人

1日生まれをサポートしてくれる人

6日 生まれ

GOOD

15日 生まれ

まわりを包む優しい人。前へ前へと突進するあなたの「守り」の弱い部分を補い、脇を固めてくれます。心が折れそうなとき、ふと疲れたときに、そばにいてあたたかくフォローしてくれるでしょう。

人柄がよく、カンや運のよさも持っている人気者。15日生まれがそばにいると場の雰囲気がよくなり、チームがまとまります。細かなところに気がつく性格なので、かゆいところに手が届くサポートが得られるはずです。

1日生まれとタイミングが合わない人

5日 生まれ

?

26日 生まれ

誰にでも優しく、思いやりにあふれた人なのですが、安定志向があり、スピード感や冒険心はいまひとつ。まわりの意見を聞きすぎて動けない場合も多く、欲しいものに向かって猪突猛進するあなたは、腰の重さにイライラさせられそう。

ポテンシャルは高いのに迷いが多く、実力を発揮しづらい面がある人。そのときの気分によって行動が変わり、一貫性がないので振り回されてしまう相手です。話半分で聞いて、距離を置いてつき合うのがベター。

2日生まれ

DAY

サポーター型

全体運

気配り上手で実務能力に長け、ナンバーワンも狙える実力の持ち主。誰も気づかない細かなことに目配りでき、ピカイチの緻密さと計画性で仕事をサクサク進めていきます。しかし、あなた自身は、なぜかトップをとることにはあまり興味がないかも。自分が中心になるよりも、「この人」と見込んだ人を盛り立て、**サポート役として能力を発揮していくことに喜びを感じる**ようです。

誰かのためであれば積極的に行動して持ち前の能力を十分に生かしきれるのに、自分のこととなると、とたんに消極的になってしまうのでは？　たとえトップ争いに名を連ねたとしても、手に入るのはなぜかナンバーツーのポジションということも多いかも。

あなたの美学が、自分の能力をこれ見よがしにアピールしたり、声高に自己主張することを潔しとしないのかもしれません。しかし、相手の負担にならないような優しい気づかいができ、**状況に合わせた対応や展開を先読みしたフォローはお手のもの**なので、職場での存在感は大きいでしょう。

また、あなたがいることで場の雰囲気がずいぶん明るくなっているはず。決して派手なタイプではないけれど、あなたがいないと困ると感じている人は多いでしょう。

大きな目標を達成したいと思ったら、自分ひとりで動くのではなくパートナーや仲間を見つけることが成功のカギになります。その場合は「情」で動くのではなく、相手の個性や能力をきちんと見極めて。状況

◉見守り梵字

を冷静に判断するシビアな目を持つと、回り道することなく目指す結果を手にすることができるでしょう。

注意すべきこと

「誰をサポートするか」で、あなたの運命は大きく変わります。実力も性格も確かな人につけば、有能なあなたの補佐で相手はグングン頭角を現していくはず。もちろん、あなたも一緒に伸びていけるでしょう。しかし、誤った相手についてしまったときは要注意です。情が深いだけに、途中で見限ることができず共倒れになる可能性も。また、芽が出ない人をいつまでもサポートし続け、能力を浪費してしまう結果になることも。

理性では離れるべき相手だとわかっていても、「自分がいなければこの人は困ってしまう」と思うと、ついつい深入りしてしまうのがウイークポイント。人のよさにつけ込まれて、だまされたり利用されたりする危険性もあることを覚えておいてください。万が一トラブルに見舞われても、自分を責めたり心を閉ざしたりしないように。立ち直りが早ければ早いほど、挽回するのも早くなります。次は情に流されないクールな判断力を身につけ、サポートすべき相手をしっかり選びましょう。

「人を見る目を養うこと」が、自分の幸せをつかむためには急務。今後伸びていきそうな人、あなたを裏切らない人を慎重に見定めて行動してください。仕事でもプライベートでも細部に気がつきすぎて煙たがられることもあるので、ほどほどのところで目をつぶることも大切です。

恋愛に関して

生まれながらのサポーター気質を持ったあなたは、恋愛においても「つくすタイプ」。好きな人の世話を焼いたり、励ましたりすることに喜びを感じているのでは？　相手が誠意をもってこたえてくれるならいいのですが、一歩間違うと、あなたを幸せにしない相手に引っかかってしまうことも。

　また、初めはそうでなくてもあなたに甘えてしまい、相手がダメになってしまうこともあるかも。特に、お金の貸し借りはトラブルのもとなので注意が必要です。情け深いだけに相手に強く出られるとイヤといえず、好きでもない相手とつき合うことも。優柔不断な態度は誤解を生むだけなので、イヤならイヤとはっきり伝えましょう。

　さらに、たとえどんなにひどい別れ方をしても、相手のことを完全に切ることができず、心のどこかで気にかけているかも。ベストパートナ

LUCKY

ラッキーナンバー　1

　文字通りトップをとるパワーを持った数字「1」は、サポートする価値のある有能な人を引き寄せてくれます。この数字を意識すると、すばやい判断やスピーディー行動ができるようになり、先を見通す力もアップ。チャンスを前に尻込みしそうなとき、勝負のとき、積極的に行動できるようにしてくれる数字です。

　スケジュール帳の端に「1」と書いておく、1番の会議室を予約する、午後1時からミーティングをするなど、何をするにも「1」を意識してみましょう。きらりと光るストーンが1つついたアクセサリーも吉を呼びますよ。

ラッキープレイス　花や緑の多い公園 ／ 野原 ／ 芝生の上

　いつも人のことばかり考えているので、ときには緑の中でリラックス。萎縮気味だった心がなごみ、新しい運が舞い込みやすくなるでしょう。

ーとめぐり合いたいなら、後くされのない恋愛を。**過ぎたことはきれいさっぱり忘れて、気持ちをリセットすることが幸運をつかむポイント**になります。

健康に関して

- ストレス性の胃炎に注意。消化のいいメニューを。
- ミントティーで胃もたれを改善し、仕事運アップ。

ラッキーカラー　　グリーン ／ マゼンタ

　グリーンは、気配りばかりのあなたに安らぎや癒やしを与えてくれる色。自分の心のバランスをとりながら、人との調和も保てるようになります。イライラしてきたときや落ち込んだとき、グリーンをとり入れるとプチうつ気分が回復。まわりに助けられながら実力を発揮し、目標を達成したいときに助けてくれる色です。
　深い愛情を表すマゼンタ（明るい赤紫）は、周囲のゴタゴタを収め、チームワークをとって動いていくときに、上手なサポートができるようにしてくれます。プライベートでも人間関係を深めるのに大活躍。あなたの対人力や交渉力をアップさせる他、愛情表現も豊かにしてくれるでしょう。

ラッキーアイテム　　ハンカチ

　ハンカチは、手をふくだけではなく、何にでも使える万能アイテム。面倒見のいいあなたをいろいろな場面でサポートし、エネルギーを高めます。

向いている職業

秘書 ／ 保育士 ／ 看護師 ／ 販売員 ／ 野菜ソムリエ

　仕事ができて人をサポートするのが得意なあなたには、秘書や保育士、看護師などの職種が向いています。特に、秘書や看護師になると、こまやかな気配りと緻密な実務能力を生かせるはず。あなた自身が忙しければ忙しいほど、周囲の人に喜ばれ、やりがいが持てるでしょう。

　人の気持ちを読むのが得意なので、販売員としても実績を上げることができます。その人が必要としているものをすばやく察知して、ベストなサービスを提供できるため満足してもらえるはず。「また○○さんにお願いするわね」といってくれるリピーターもたくさんつくでしょう。

　相手に合った野菜をセレクトして提案する野菜ソムリエも、人に喜んでもらえることに最大の喜びを感じるあなた向きの仕事です。

　ただし、仕事上では感情よりも理性を優先させることを忘れないで。シビアすぎるくらいでちょうどいいと思っておきましょう。

2日生まれの有名人

★津川雅彦（俳優）
★竹野内豊（俳優）
★村上知子［森三中］（お笑い芸人）
★井上聡［次長課長］（お笑い芸人）
★劇団ひとり（お笑い芸人）
★浅尾美和（元プロビーチバレー選手）
★三遊亭小遊三（落語家）
★ジョン・ボン・ジョヴィ（歌手）
★優木まおみ（タレント）
★足利義晴（室町幕府12代将軍）
★忌野清志郎（ミュージシャン）
★カンニング竹山（お笑い芸人）
★夏木マリ（俳優）
★秋元康（放送作家・作詞家）
★デビッド・ベッカム（元プロサッカー選手）
★藤井リナ（モデル）
★友近（お笑い芸人）
★国分太一［TOKIO］（タレント）

★浜崎あゆみ（歌手）
★深田恭子（俳優）
★松嶋尚美（タレント）
★ブリトニー・スピアーズ（歌手）
★三宅健（タレント）
★浦沢直樹（漫画家）
★坂井宏行（料理家）
★HISASHI［GLAY］（ミュージシャン）
★平泉成（俳優）
★西川きよし（お笑い芸人）
★AI（歌手）
★島崎和歌子（タレント）
★又吉直樹［ピース］（お笑い芸人・作家）

2日生まれをサポートしてくれる人

 GOOD

16日 生まれ

義理人情に厚い親分肌。あなたが優しい「お母さん」なら、16日生まれは厳しく懐の深い「お父さん」としてチームを引っぱっていきます。あなたの悩みを察して助言してくれたり、トラブルから守ってくれたりする心強い存在です。

21日 生まれ

仕事がバリバリでき、出世も約束されている有望株。サポートしてもらうにはうってつけの人材です。子どものような天真爛漫さもあり、明るいムード。こだわりが強いところを、あなたがうまくフォローすれば、2人ともうまくいくでしょう！

2日生まれとタイミングが合わない人

 ?

12日 生まれ

コレクター気質で、ちょっとオタク系。専門分野にはくわしいのですが、興味がなければ見向きもしないため、あなたが尻ぬぐいをさせられそう。情にほだされて、なんでも「ハイ、ハイ」ということを聞かないように。

14日 生まれ

友達の多い社交家ですが、交際費も多め。人におごるのも好きなので、財布の中身は軽いタイプ。うっかり貸してしまうと、それがきっかけで頼られるハメになります。巻き込まれないよう距離を置いておつき合いするようにしましょう。

DAY 3 日生まれ

チャイルド型

全体運

子どものような無邪気さで、いつもはつらつとした笑顔を振りまくあなた。その明るさと行動力は天下一品。じっとしているのが嫌いで、興味を持ったものにはすぐチャレンジしてみなければ気がすみません。話題も豊富で人気があり、グループでも目立つ存在です。

頭で考えるより直感で物事をとらえ、自分のアンテナにビビッときたら、「まずやってみる」のがあなたのやり方。それでも不思議と失敗が少なく、たとえ転んだとしても、その失敗を次に生かせるタフさと賢さを持っています。また、転んでケガをしたのに気づかないまま走り続けてゴールする図太さとたくましさもあります。

持ち前のバランス感覚と才覚で、着実に結果を出しているので、子どもっぽい言動も、まわりからはあなたのキャラとして許されているようです。

いつもアクティブに飛び回っているあなたの興味の広さに人は驚くばかり。ときには、その幅広さが一貫性を欠いているように見えることもありそう。しかし、経験から学んだ成果は、今後もきちんと形にしていけます。無理に大人になろうとか、論理的に考えようと努力するよりも、**自分の直感や好奇心を信じて思いのままに行動するほうが、あなたのよさを生かすことができる**でしょう。もちろん、ときには失敗してしまうこともありますが、「あはは」と笑ってごまかせば、「しょうがないか」と許されてしまうのが、あなたの得な部分。

ぉ
ぢ

自分の感覚を信じて、関心を持ったものにまっすぐ突き進んでいきましょう。童心を忘れないあなたの創造性がすばらしい結果を生み出し、成功へと導いてくれるでしょう。

注意すべきこと

いつもはあなたの魅力となる屈託のない言動も、時と場所を選ばないと非常識な行動ととられることも。あなたのキャラクターをよく知っている親しい人には「愛すべき個性」でも、オフィシャルな場面や礼儀にうるさい人がいる場合には、「場の空気を読まない無礼な行動」になることもあると心得ておきましょう。「空気が読めない人」のレッテルを貼られないように、**TPOをわきまえ、身勝手な行動やはしゃぎすぎは慎んで。**

たとえ、その場の空気を悪くしてもあなた自身は気にせずケロッとしていたり、叱られてもすぐ忘れて同じ失敗をすることが多いので、まわりがハラハラしているかもしれません。気づいていないかもしれませんが、あなたの子どものような行動をさりげなくフォローしてくれている人がきっといるはずなので、その人たちへの感謝も忘れないように。

公の場面とプライベートな場面を使い分けるのはもちろんですが、まわりにどんなメンバーがいるかを考えるのも重要です。その場に応じてスイッチを切り替えられるようになると、あなたの天真爛漫さに落ち着きが加わり、人間的な魅力が増すでしょう。

恋愛に関して

年齢よりも若く見えて、おしゃべりも上手で魅力的なあなたは、ひと言でいえば「愛されキャラ」。天性の明るさで多くの人を引きつけ、どこへ行ってもファンができるはず。ドロドロした大人の恋愛劇には縁が薄く、明るく健康的な恋が楽しめるでしょう。好きになるタイプは、あなたと同じように子どもの心を忘れず、一緒になって楽しんでくれる人が多いかも。

その一方で、自分にない落ち着きがある人や、どこか謎めいた部分のある人にひかれることもあります。子どもが新しいものに対して好奇心を持つように、普段自分のまわりにいないタイプに出会うと「どんな人かな？」と興味を持ち、そこから恋に発展していくケースが多いでしょう。特に、新鮮な驚きを与えてくれる人や新しい風を運んでくれる人は「大好物」かも。

◇ LUCKY ◇

ラッキーナンバー 15

あたたかい包容力と優しさを与えてくれる「15」。あなた自身に慈愛を与えてくれるだけでなく、周囲に対して気配りができるようになります。この数字のパワーで、ますます人気者になり、さらに信頼される存在になるでしょう。また、憧れだったポストに抜擢されたり、思わぬチャンスがめぐってきたりして、存在感をアピールできる機会も増えるはずです。

お茶やコーヒーを飲む前に、心をしずめて1、2、3……と、「15」数えてみましょう。ゆっくりカウントしているうちに気分が安定し、目の前のことだけでなく、周囲の様子にも目を配る余裕が生まれるでしょう。

ラッキープレイス 遊園地 ／ テーマパーク

一日中はしゃげる場所に行くと、オーラの輝きがさらにアップ！　童心に返ってゴーカートやコーヒーカップも楽しんで。

明るいあなたには、遊園地やテーマパークでアクティブに過ごすデートが合っていますが、いつもハイテンションではしゃぎすぎると、どんな相手でも、「ちょっと待って」と言いたくなるかもしれません。**相手のペースや興味も受け入れてみると、恋愛の違う一面も楽しめる**ようになりますよ。

健康に関して

●足のねんざやケガに注意が必要。
●寝る前にフットバスで足をあたため、冷え対策を。

ラッキーカラー　　ブルー ／ オレンジ

あなたにイチオシの開運色は、ブルー。「転ばぬ先の杖」となり、物事を冷静に見極める慎重さが生まれます。いい意味での警戒心や自制心が芽生えるので、川に飛び込んでから冷たさを知るのではなく、指先で水をさわって温度を確かめることができるようになるでしょう。落ち着きが加わり運のとりこぼしを防ぐので、ツキを呼ぶには最適な色です。

オレンジは、あなたらしい陽気な輝きを持った色。親しみやすさと無邪気さをこれまで以上に発揮させてくれます。

ブルーとオレンジのベストバランスは、7対3。オレンジが多くなると、あなたの場合は注意力が散漫になるので、くれぐれも逆にしないように。

ラッキーアイテム　　靴

行きたいところに体を運ぶ靴にこだわると、運気を上げてくれる場所へとあなたを導きます。足にフィットする上質な靴を選んで。

向いている職業

漫画家 ／ IT関係 ／
グラフィックデザイナー ／
ナレーター ／ カメラマン

　子どもの感性を忘れず、遊び心をたっぷり持っている３日生まれは、自由な発想が必要とされる漫画家やグラフィックデザイナーとして成功できるでしょう。

　また、情報をいち早くキャッチするのが得意なので、IT関係の仕事につけば、世界の先端で能力を発揮することもできるはず。

　そのほか、話す才能を使ったナレーターや活動的に動き回るカメラマンとしても活躍できます。特に、カメラマンの場合は、興味を持ったものに一瞬で集中し独自の感性で切りとれるので、芸術性の高い作品が撮れそうです。

　とにかくアクティブに動くことが大好きなあなたは、世界を舞台に活躍するのも夢ではありません。子どものように純粋で大胆な感性を大切にして、仕事に対しても素のままの自分でとり組むと、いい結果が出せるでしょう。

③日生まれの有名人

★坂本龍馬（幕末の志士）
★有田哲平［くりぃむしちゅー］（お笑い芸人）
★川島明［麒麟］（お笑い芸人）
★柳原可奈子（お笑い芸人）
★唐沢寿明（俳優）
★長澤まさみ（俳優）
★岡村隆史［ナインティナイン］（お笑い芸人）
★トム・クルーズ（俳優）
★安住紳一郎（アナウンサー）
★石田ゆり子（俳優）
★蛯原友里（モデル）
★山崎豊子（作家）
★手塚治虫（漫画家）
★長州力（元プロレスラー）
★田辺誠一（俳優）
★三宅裕司（タレント）
★伊藤英明（俳優）
★タカ［タカアンドトシ］（お笑い芸人）

★ミハエル・シューマッハ（元F1ドライバー）
★柳葉敏郎（俳優）
★川合俊一（タレント・元バレーボール選手）
★川島海荷（俳優）
★ジーコ（元プロサッカー選手）
★大泉洋（俳優）
★高橋由伸（元プロ野球選手）
★上原浩治（元メジャーリーガー）
★深作欣二（映画監督）
★古田新太（俳優）
★篠山紀信（写真家）
★橋本環奈（タレント）
★内村航平（元体操選手）
★土屋太鳳（俳優）
★三浦翔平（俳優）
★板野友美（タレント）
★北村匠海（俳優）
★壇蜜（タレント）

サポートしてくれる人と タイミングが合わない人

3日生まれをサポートしてくれる人

8日 生まれ

GOOD

31日 生まれ

バランス感覚にすぐれ、穏やかな人柄。とっつきにくい部分もありますが、屈託のないあなたなら懐に飛び込んで甘えられます。ちょっとしたミスや悪ふざけを笑って許してくれる広い心を持った人。安心して頼っていい相手です。

人望があり、誰とでも気さくにつき合える人。頼み事をしても気軽に応じてくれて、面倒見もいいので、あなたを上手にフォローしてくれます。有能さを鼻にかけるところもなく、同じ目線で気持ちよく話ができる人です。

3日生まれとタイミングが合わない人

9日 生まれ

?

18日 生まれ

空想好きで斬新な発想力があり、あなたと同じように注目を集めるタイプ。違うところは、自信家で自己主張が強すぎるところ。会話が続きにくい面があり、何かをやってあげても感謝されることが少なく、損に感じることも。

生まじめで地道にコツコツがんばるタイプなので、あなたの自由奔放さがいまひとつ理解できないかも。まじめすぎてかた苦しいところがあり、親しくなると束縛されているように感じ、きゅうくつな相手です。

4日生まれ

ピラミッド型

全体運

何事もそつなくこなし、物事に執着しないので、まわりからはいつもひょうひょうとしている印象を持たれているかもしれません。しかし、**目標に向かって着実に進んでいく力は人一倍**。自分が興味あるものに対して実直にとり組み、一定の成果を上げることができます。また、目標に近づくための工夫をするのも得意なので、人が気づかないようなやり方で独自の道を進んでいけるでしょう。

そんなあなたの不思議なところは、努力を積み重ね、やっとの思いで目標が近づいたときに飽きてしまい、すべてを人にまかせてしまいたくなること。もう一歩がんばれば、誰もがうらやむような地位や成功を手にできるのにもかかわらず、ゴール目前にして、とり組んできたことに興味がなくなってしまうようです。その思いきりのよさは、気持ちがいいほどですが、ときに「逃がした魚は大きい」になることもあるかも。人をさすがと思わせる結果を惜しげもなく手放すので、まわりは「あぁ、もったいない」と思って見ているかもしれません。

まわりから見れば理解不能なそんな行動も、あなたにとっては新しい興味の対象が見つかっただけだったり、もっといい別のやり方を発見しただけなので、自分の中ではストレスがありません。しかし、その変わり身の早さが最終的にいい結果を生むかどうかは、そのときの運次第の側面も。運をつかみたいなら、**最終局面での見極めと粘りは大切**です。

あなた自身は、自己主張して人の上に立つよりも、周囲の意見に合わせながら自分の好きなことをやっていくほうが、居心地がいいのかもしれません。あなたのよさを見いだしフォローしてくれる人を探すと、ま

◉見守り梵字

わりからもっと理解を得られ、その能力を発揮できるでしょう。

注意すべきこと

あなたは自分の気持ちに素直に従っているだけかもしれませんが、目標半ばにして人に頼ったり、着地点まであと少しなのに「やーめた」と投げ出してしまったりする行為は、知らず知らずのうちにまわりに迷惑をかけています。その結果、あなたの評価を落としているかも。特に仕事上では、致命的なマイナスポイントになりかねません。

それまでのプロセスではいかんなく実力を発揮するあなたの「完成」と、周囲が思い描いていた「完成」の間には、ギャップがありそう。最初に、きちんとすり合わせを。

もともと実力派のあなた。その能力を開花させるためにも、「あと一歩」のところでの粘り強さが欲しいところ。**あなたのセンスと行動力に我慢強さが加わると、めざましい結果で周囲を圧倒できる**はずです。やり遂げようという意識さえ持てば、最後までやり通せます。決断の前に自分の行動がどんな波紋を呼び起こすかを考えると、ベストな選択が見えてきます。

また、あなたの人まかせな態度や自己主張しない性格が、「面倒な仕事を頼んでも断らない人」ととられ、イヤな仕事を押しつけられることも。ときには、自分の思っていることや主張したいことをはっきり口にして、自分という存在を周囲に印象づけることを心がけましょう。

4

041

恋愛に関して

さっぱりした気性のあなたは、恋愛でも受け身のパターンが多いかも。まわりが合コンなどの恋活に精を出していようとあまり興味がなく、また、自分から好きな人に告白することもめったになさそうです。

しかし、魅力的なので、受け身でいても恋の相手に困ることはありません。あなたの場合、相手のほうからアプローチされてつき合い始めることが多いでしょう。特に、強気な人から自信満々に言い寄られたり、強引にデートの約束をとりつけられたりして、そのまま恋人関係に進むことが多そう。

「好きだ」と強くいわれると「私も好きかも」と思い、結果うまくいくというパターンが定番化しているようです。

だいたいは、そのパターンで幸せをつかむことも多いのですが、注意

◇ LUCKY ◇

(ラッキーナンバー) **25**

物事を計画通りに進め、ひとつひとつ確実に積み上げていくパワーを与える「25」。完成を目指してきっちりペース配分し、秩序よく進んでいけるようサポートしてくれます。

また、負けん気と根性が生まれ、迷いを起こしたり、目移りすることなくゴールに向かって進むことができるようになります。

デスク上やパソコンのモニター脇に、「25」と書いて貼っておきましょう。途中で投げ出したくなるクセが出てきたら、心を落ち着けて見つめてみると、また最善の道を進んでいけるようになるでしょう。

(ラッキープレイス) **お城／ビルの高層階**

自分を見失いそうなときは、土台をがっちり固めて建てられた高い建築物に上り、ゆるぎない意志を固めて。

したいのが、途中で「この人でいいのかな?」と思い始めたとき。結婚まで進めば多少の波風は乗り越えていけますが、恋愛期間中は**自分の気持ちに正直になり、相手の勢いに流されないように**しましょう。

　恋愛運を上げるためには、いつも受け身ではなく、自分から好きな人にアプローチしたり、積極的に活動をしたりすることも大切です。

健康に関して

● おなかを壊しやすいので、冷やさないように。
● 暴飲暴食を避け、腹八分目を心がけて。

(ラッキーカラー)　　ブルー ／ オレンジ

　ブルーは何事も粘り強くとり組む根気を与えてくれる色。雑念が出てきたとき、状況を冷静に見る判断力を持つことができます。計画的に物事を積み上げ、最終的な結果を出していくときに大きなサポートをしてくれるでしょう。

　オレンジは、やる気や情熱をもたらします。楽しく明るい気持ちにして、疲れたときのビタミン剤になってくれる色です。

　プロジェクトや目標を達成するまでのプロセスでは、オレンジをとり入れて楽しくとり組みましょう。いよいよフィニッシュが近づいてきたときが、ブルーの出番。ブルーの力を借りて冷静沈着な行動ができれば、誰もが舌を巻くような成果を上げられるでしょう。

(ラッキーアイテム)　　花瓶

　生花は部屋を活性化してくれますが、飾る行為そのものも運気アップのカギ。三角錐形や円錐形のシンプルな花瓶がおすすめ。

| 向いている職業 | 陶芸家 ／ 園芸家 ／ クラフト作家 ／ 栄養士 ／ アクセサリー作家 |

小さなレンガをひとつひとつ積み上げるように根気よく仕事をし、最後には大きな成果を出せるあなた。

陶芸家やアクセサリー作家、クラフト作家のように、地道な作業を重ねて、ひとつの作品をじっくりつくり上げる仕事がおすすめです。

土と対話しながら時間をかけて植物を育てていく園芸家もぴったり。自分なりのアイデアを生かして創意工夫できるので、人から一目置かれる仕事ができるでしょう。

また、食事を通して人の健康をつくり上げていく栄養士も、おすすめの職種です。

実績として残る成果を上げるには、仕上げまで手を抜かないこと。それぞれの作品やプロジェクトの完成形をしっかりイメージし、そこに向かって精進すれば、実力通りの評価を得ることができるでしょう。

4日生まれの有名人

★竹内力（俳優）
★宮本亞門（演出家）
★アイザック・ニュートン（科学者）
★東野圭吾（作家）
★小泉今日子（タレント）
★佐々木蔵之介（俳優）
★山崎静代［南海キャンディーズ］（お笑い芸人）
★細木数子（占い師）
★田中角栄（政治家）
★オードリー・ヘプバーン（俳優）
★たむらけんじ（お笑い芸人）
★アンジェリーナ・ジョリー（俳優）
★ケンドーコバヤシ（お笑い芸人）
★増田貴久［NEWS］（タレント）
★バラク・オバマ（政治家）
★佐々木健介（元プロレスラー）
★檀れい（俳優）
★島谷ひとみ（歌手）

★中丸雄一［KAT-TUN］（タレント）
★北島三郎（歌手）
★上田竜也［KAT-TUN］（タレント）
★西田敏行（俳優）
★名倉潤［ネプチューン］（お笑い芸人）
★田村淳［ロンドンブーツ1号2号］（お笑い芸人）
★照英（俳優）
★GACKT（ミュージシャン）
★小林薫（俳優）
★辻仁成（作家）
★桐谷健太（俳優）
★山下達郎（ミュージシャン）
★加藤清史郎（タレント）
★じゅんいちダビッドソン（お笑い芸人）
★石破茂（政治家）
★片岡愛之助（歌舞伎役者）
★玉井詩織［ももいろクローバーZ］（タレント）
★カズレーザー［メイプル超合金］（お笑い芸人）

サポートしてくれる人と タイミングが合わない人

4日生まれをサポートしてくれる人

8日
生まれ

GOOD

15日
生まれ

粘りと根気は折り紙つき。途中であきらめたり裏切ったりすることなく、最後まで支えてくれる人です。計画性があり人柄も穏やかなので、よいサポート役としてフォローしてくれます。

心優しい性格なので、移り気なあなたに辛抱強くつき合い、いつもそばにいて励ましてくれます。生まれ持ったカンのよさと運の強さがあり、味方につけておくと何かと得な存在です。目標を達成できるまで、優しく見守ってくれるでしょう。

4日生まれとタイミングが合わない人

14日
生まれ

?

22日
生まれ

コミュニケーション能力が高く人当たりはいいのですが、人づき合いが派手でお金を浪費してしまうタイプ。目標を達成するためにがんばるよりも、今を楽しく過ごしていきたいと考えるので、引きずられてしまう可能性があります。

夢を叶えるために実績をコツコツ積み上げていく努力ができる人。しかし、少し感情的なところが難点。納得がいかないことは徹底的に追及するので、途中まではうまくいっても、最後はケンカ別れしてしまうこともありそうです。

5日生まれ

コミュニケーター型

全体運

　聞き上手、話し上手という言葉がぴったりのあなた。物腰がソフトで人当たりがいいので初対面の人とでもすぐ打ち解けられます。社交的で親しみやすい性格は誰からも好かれ、いつも仲間に囲まれて明るく笑っているでしょう。

　人の話を親身になって聞いてあげられるため、相談事を持ちかけられることが多いかもしれません。思いやりにあふれた的確なアドバイスは、相手の心をなごませ、導く力を持っています。自分では意識していなくても、**周囲に対して有能なカウンセラーのような役割を果たしているようです。**

　普通なら敬遠するようなとっつきにくい人でも、あなたなら自然体で上手につき合えるはず。人望が厚く後輩からも慕われるので、特別な野心を持っているわけではないのに、いつの間にか重要なポストを与えられたり、世話役をまかされたりしているかもしれません。**どんな人の心にもすんなり溶け込める柔軟性と対人力は、今後も順調に人生を渡っていくための大きな武器**となるでしょう。

　基本的には人が不快になることは口にせず、いつも優しい笑顔を振りまくあなたはグループの輪を保つ存在。必要なときにいつでも駆けつけてくれる仲間に支えられて、大きな成功を収めることができるはずです。目標を設定し身を粉にしてがんばるよりも、目の前の仕事や予定を楽しく誠実にこなしていくことで、自然に道が開けていきます。

　あなた自身もひとりでいるよりも、いつも仲間に囲まれ会話に花を咲

●見守り梵字

かせて、ワイワイおしゃべりしているのが好きなはず。恵まれたコミュニケーション能力でたくさんの人と交流しながら、ハッピーオーラ全開の人生を築いていってください。

注意すべきこと

どんな人とでも上手につき合っていけるので対人関係でのトラブルは心配ないのですが、あえていうなら、協調性があるあまり本音がいえないのが問題点。心と裏腹に笑顔で「YES」と答えて後悔することもあるのでは？ また、相手の都合に合わせようとして振り回され、どっと疲れてしまうことがあるかも。波風を立てたくないからと人に気をつかいすぎるのは禁物です。ときには、はっきりと自己主張を。

「気配り上手」も度を越すと、人からは「八方美人」に見えてしまいます。**イヤなことはイヤと主張できる強さも身につけましょう。**あなたなら、人を傷つけずにやんわり「NO」と伝えることができますよ。

また、人を優先させすぎて自分をつい後回しにしてしまいがちになる傾向も。全体を考えて動くのも大事ですが、いつも人を立てることばかり考えていると、せっかくの個性がかすんでしまいますよ。「最近、聞き役が多いな」と感じたら、気の置けない相手にグチを聞いてもらうのもいいでしょう。あなたの何よりの原動力は、仲間との楽しい時間。思う存分本音トークをして、日ごろのストレスを発散させましょう。

恋愛に関して

人気者のあなたには、気軽にデートできる相手がたくさんいるはず。いつも仲よく遊んでいる仲間の中から、いつの間にか特定の人が気になり始め、恋愛に発展するというパターンが多そうです。

人づき合いが大好きなので、誘われれば合コンにもマメに顔を出しますが、恋人になる確率が高いのは、普段会っている身近な存在だといえるでしょう。突然のひと目ぼれや運命的な出会いは、残念ながらそんなに期待できないかも。

しかし、恋愛期間中の安定感は抜群。つき合って間もない頃から、すでに何年も恋人同士でいるような強い絆を結ぶことができます。

いつも幸せムードあふれるあなたは、恋愛相手ともほのぼのとした明るいムードでつき合えます。**大きなケンカや浮気などのトラブルも少な**

◇ LUCKY ◇

ラッキーナンバー　7

「7」は、個性をしっかり打ち出し、自己主張できるように助けてくれる数字。もともと話題豊富で話がうまいあなたですが、日ごろはまわりの空気を読みすぎて一歩引いてしまうのが少し残念なところ。思いきって自分を打ち出していくことが、開運ポイントです。

本音がいえずモヤモヤした気分のときは、深呼吸を7回してみましょう。本気でガツンとぶつかっていく勇気が出てきます。また、本当はやりたくないことを頼まれたときはすぐ答えを出さず、7つ数えてみると、自分にとってベストな答えを出すことができますよ。

ラッキープレイス　話題のスポット／人気のお店

人の集まる場所で活気あるパワーをとり入れると上昇運に。雑踏やうるさい場所はNG。楽しく会話できる場所を選んで。

く、スムーズにゴールインし、お互いに信頼し合える円満な家庭を築け
るでしょう。

　幸せを平凡だと感じないためにも、誕生日やクリスマス、記念日など
のイベントは大切です。しっかり演出して盛り上げ、日ごろの感謝を相
手に伝えましょう。

健康に関して

- ●のどカゼをひきやすいので、マスクで予防して。
- ●気管支系の不調は早めにケアを。

ラッキーカラー　　　ブラック×ホワイト ／ ブルー

　あなたにきっちりと自己主張させてくれる組み合わせが、黒×白のコンビネーシ
ョン。目の覚めるようなはっきりしたコントラストで、個性を打ち出すパワーをも
らえます。職場で使うステーショナリーにとり入れると、存在感をよりくっきりと
アピールできるでしょう。白か黒か明確に決着をつけたい場面やクリアな答えを導
き出したいときにも◎。

　ブルーは、人に気をつかいすぎて自分を見失いがちなときにサポートしてくれる
色。浮き足立った気持ちをしずめ、物事に動じず余裕を持った対応ができるように
なります。落ち着きをとり戻したいときには、ブルーのハンカチを持ち歩いて。

ラッキーアイテム　　　お茶

　気の合う人とおいしいお茶を飲みひと息つくと、リラックスできて心に潤いをと
り戻せます。心を込めて人にいれてあげると、社交運もアップ！

| 向いている職業 | カウンセラー ／ 不動産業 ／ ツアープランナー ／ 警察官 ／ 音響エンジニア |

思いやりにあふれ、人の話を親身になって聞けるあなたの適職をひとつ選ぶとしたら、カウンセラーだといえるでしょう。ただし、カウンセラーそのものだけではなく、保育士や看護師などカウンセラー的な側面を持った仕事も含みます。また、どんな職種でも、人の話をじっくり聞くことを心がけると、あなたの資質が生かされ、実力を発揮できます。

安定した運気の強さがあるので不動産業や警察官もおすすめです。特に、エネルギー的な安定感が求められる警察官は、5日生まれ向きの仕事だといえます。音に対する敏感な感性が生かせる音響エンジニア、企画力と気配りが必要なツアープランナーも、才能を生かせる分野です。

コミュニケーション能力が高くチームワークを大切にするあなたなら、どんな職種についても、まわりにサポートされながら成功をつかむことができるはずです。

5 日 生 ま れ の 有 名 人

- ★小池徹平（俳優）
- ★髙田万由子（タレント）
- ★大地真央（俳優）
- ★原西孝幸［FUJIWARA］（お笑い芸人）
- ★熊川哲也（バレエダンサー）
- ★松山ケンイチ（俳優）
- ★板東英二（タレント）
- ★西川史子（医師・タレント）
- ★工藤公康（元プロ野球選手）
- ★中川翔子（タレント）
- ★北条時宗（鎌倉幕府8代執権）
- ★アダム・スミス（経済学者）
- ★ガッツ石松（タレント）
- ★長谷川潤（モデル）
- ★小杉竜一［ブラックマヨネーズ］（お笑い芸人）
- ★杉山愛（元プロテニス選手）
- ★山田優（モデル）
- ★柴咲コウ（俳優）

- ★やしきたかじん（タレント）
- ★黒木瞳（俳優）
- ★BoA（歌手）
- ★小林幸子（歌手）
- ★観月ありさ（俳優）
- ★野村萬斎（狂言師）
- ★渡部篤郎（俳優）
- ★仲村トオル（俳優）
- ★宮崎駿（映画監督）
- ★栗原はるみ（料理研究家）
- ★鳥山明（漫画家）
- ★伊達みきお［サンドウィッチマン］（お笑い芸人）
- ★ウォルト・ディズニー（映画監督・ディズニー創始者）
- ★島田秀平（お笑い芸人）
- ★クリスティアーノ・ロナウド（プロサッカー選手）
- ★大谷翔平（メジャーリーガー）
- ★今田美桜（俳優）
- ★志尊淳（俳優）

サポートしてくれる人と
タイミングが合わない人

5日生まれをサポートしてくれる人

7日生まれ　GOOD　**16日**生まれ

自他ともに認める個性派で、判断力も人一倍。どっちつかずで迷っているときに相談してみると、目からウロコの答えが出るでしょう。好き嫌いをはっきり言うので気をつかわない相手。一緒にいてラクに過ごせます。

親分肌であたたかい人柄なので、安心してつき合える相手。あなたが迷ったり落ち込んだりしているときにサッと手をさしのべ、助けてくれます。責任感が強く、いざというときに頼りになる存在です。

5日生まれとタイミングが合わない人

11日生まれ　?　**29日**生まれ

純真で素直、夢見がちな森ガール＆ボーイなので、つかみどころがないと感じるかも。会話上手なあなたでも、話のつなぎ方が見つからない人。真剣に相手のことを考えるほど振り回され、ドツボにハマる危険性あり。ほどよい距離を保って。

プライドが高く上昇志向が強いため、ほのぼのトークが好きなあなたとは会話が成立しづらい面が。不用意に近づくと、上から目線でものをいわれて不愉快な思いをしかねません。誠意をもって接しても、ストレスがたまる相手になるかも。

6日生まれ

シャーマン型

全体運

独特の感性を持ち、優しさでまわりを包み込む人です。あなたは基本的に見返りを求めない「無償の心」を持っていて、**人間はもちろんのこと、動物や自然にも慈悲深い仏のようなまなざしを注ぎます。**実際に、ボランティアや社会活動を通して、環境問題などにとり組んでいるかもしれません。

目に見えない世界に対して敏感なアンテナを持っているので、不思議な体験をしたり、他の人には見えないものが見えたりすることも。直感力もずば抜け、ときには予言をして人を驚かせることもありそう。また、ラッキーな出来事をタイミングよく引き起こす不思議な力にも恵まれています。大きなトラブルに見舞われたり、どん底に突き落とされるようなダメージを受けたりすることも、ほとんどないといっていいでしょう。

スピリチュアルな分野やまだ解明されていない超科学に興味を持ち、ともすると現実生活はそっちのけで、のめり込んでしまいがちになるので、足元を見失わないように気をつけましょう。

独自の空気感を持っているあなたの雰囲気は、どこかシャーマンチック。俗世の感覚からは少し浮いているので、周囲からは「ちょっと変わった人」「つかみどころのない人」のレッテルを貼られがちです。しかし、あなた自身は、そんなまわりの評価はどこ吹く風。自分の感性に素直に従って、ユニークな個性を発揮していくでしょう。

ひらめきやインスピレーションを大切にしていくと、神秘的な才能と

◉見守り梵字

マリア様のような優しさに磨きがかかり、幸運を引き寄せる力がますます強まるでしょう。

注意すべきこと

俗世間とは少し違う感覚で生きているため、「自分はもしかしたら浮いているの!?」と感じる場面も出てくるかも。そんなときは、少し孤独を感じることもありそうですが、「自分は自分」と割り切って。打算や欲で動くのは避けること。周囲に無理やり合わせたり、計算ずくで動いたりすると、せっかくあなたに与えられている幸運の流れがしぼんでしまいます。あなたの優しさ自体は、まわりの人からちゃんと理解されています。**自分の感性を大事にして行動することが、明るい未来を築くための奥義**です。

　ただし、現実社会での最低限のルールを守ることは大切。非常識な人と思われないように、奇抜なファッションやまわりを無視した言動はできる限り慎みましょう。また、たとえ不思議なものが見えたり聞こえたりしても黙っておくほうが得策です。まわりの人を観察する目を養うと、無理せず個性が出せるバランス感覚を養うことができるでしょう。

　感性の合う人といつもつるんでいるのは、ラクかもしれません。しかし、度を越すと不思議な世界への関心が高じて、ときには深みにハマってしまうこともあるので気をつけて。もともと持っている優しさを忘れずに生かすように心がけていくと、みんなの注目を集める大きな舞台が用意されます。

恋愛に関して

どこか宇宙人的な世界観を持っているあなたは、恋愛では「神頼み」に走りがちな傾向がありそう。縁結びの神様のところにお参りに行ったり恋愛のお守りを持っただけで、「これで大丈夫！」と安心してはいませんか？

恋愛への興味がそれほど強いほうではなく、恋愛感情より人間愛や自然への愛を強く持つタイプなので仕方ないかもしれませんが、いい恋愛をしようと思ったら、神様まかせはNG！　**神様の前へ行くよりも先にまず「自分磨き」に力を入れましょう。**

6日生まれの人は、自分の美しさに気づき見た目をきれいにキープしようと心がける人と、まったく身なりを気にしない人の2つのタイプに分けられます。もちろん、幸せな恋がゲットできるのは、おしゃれをして自分に手をかけている人です。

◇ LUCKY ◇

ラッキーナンバー　**23**

ガンコな面が出たり、現実離れした言動をして人を戸惑わせてしまうときには「23」を活用して。柔軟な発想やコミュニケーション能力を与え、まわりとの調和をはかります。

この数字のサポートがあれば、漠然とした思いを整理して上手に話せるようになるので、あなたの理解者も増えるはず。追いつめられたときに思いがけないアイデアがわいたり、臨機応変な対応ができるようになり、ピンチをチャンスに変えてくれます。携帯の待受画面やスケジュール帳に「23」の数字シールを貼り、眺めましょう。頭の中でぼんやりしていた思いが、オリジナリティーあふれる斬新なアイデアに変化します。

ラッキープレイス　**神社／お寺**

神社仏閣で神聖なパワーを受けとると、不思議な才能がますます開花します。歴史や人気のある場所を訪ねて。

本来、シャーマン的な力を持つあなたなら、意中の人を振り向かせることもできなくはないのです。自分の美をおろそかにせず、おしゃれや美容に興味を持つようになると、恋愛の神様はもっと早くほほ笑んでくれますよ。

　6日生まれは、なぜか長男・長女との相性が大吉。結婚後は、独自の世界観を共有し、安定した家庭が築けるでしょう。

健康に関して

- ●消化のよいものをとり、おなかの不調をケアして。
- ●不眠に注意。上質な寝具で、よい睡眠を。

ラッキーカラー 　　イエロー ／ バイオレット

　地に足をつけて現実的に行動する力をもたらすイエロー。集中して計画的に物事にとり組めるようになるので、時間を有効活用できるようになるでしょう。また、あなたの慈悲深い優しさを行動に移すときに助けてくれます。作業や勉強に集中したいときにもおすすめです。

　バイオレットは、あなたの気質そのものを表す色。神秘的で高貴なパワーを持っています。危険察知能力が高まったり、気持ちの切り替えがすばやくいくように助けてくれる色なので、現実世界と不思議な世界との切り替えをスムーズにしたいときに、ポイントカラーとして使うようにしましょう。

ラッキーアイテム 　　ジュエリー

　原石ではなく磨かれた石を使ったものを選ぶと幸運が。運気に影響が出るため、傷がつかないように丁寧に扱いましょう。

| 向いている職業 | アロマセラピスト ／ 宝石鑑定士 ／ 獣医 ／ 葬祭関係 |

シャーマン的な能力を持ったあなたは、人を癒やせる力を持っています。また、アロマセラピストとして香りの力を自在に使い、ヒーリングを行うこともできるでしょう。

その際に気をつけてほしいのが、一日の終わりに自分自身も浄化するということ。セラピストは気を受けやすい仕事なので、ネガティブなエネルギーをため込まないために、日々の浄化を怠らないようにしてください。

石との相性がいいので宝石鑑定士としての活躍も可能です。また、生き物との相性がよくてコミュニケーションをとるのが得意なので、動物の心がわかる優しい獣医になれるでしょう。神仏からのサポートを受けやすい体質を持っているので、葬祭関係の仕事に導かれる人もいそうです。

どんな仕事をするときも、素直な気持ちを人に伝えることを第一に考えると、仕事運は安定するでしょう。

6日生まれの有名人

★市原隼人（俳優）
★金田哲［はんにゃ］（お笑い芸人）
★石塚英彦［ホンジャマカ］（タレント）
★ベッキー（タレント）
★宮沢りえ（俳優）
★吉田美和［DREAMS COME TRUE］（歌手）
★向井千秋（宇宙飛行士）
★高橋尚子（元マラソン選手）
★堺正章（タレント）
★三遊亭好楽（落語家）
★古田敦也（元プロ野球選手）
★谷亮子（元柔道選手）
★氷川きよし（歌手）
★松岡修造（元プロテニス選手）
★Sowelu（歌手）
★宍戸錠（俳優）
★木本武宏［TKO］（お笑い芸人）
★リュ・シウォン（俳優）

★伊原剛志（俳優）
★市川團十郎（歌舞伎役者）
★福山雅治（歌手）
★菊地凛子（俳優）
★坂井泉水［ZARD］（ミュージシャン）
★柳沢慎吾（タレント）
★奥菜恵（俳優）
★保田圭（タレント）
★夏目三久（元アナウンサー）
★さかなクン（タレント）
★乙武洋匡（作家）
★やなせたかし（漫画家）
★斎藤佑樹（元プロ野球選手）
★林遣都（俳優）
★濱家隆一［かまいたち］（お笑い芸人）
★小澤征悦（俳優）

サポートしてくれる人と
タイミングが合わない人

6日生まれをサポートしてくれる人

11日
生まれ

神秘的な世界もごく自然に受け入れるピュアな感性の持ち主。あなたの世界観と通じ合うところが多く、話が合うでしょう。同じような感覚を共有し、ひと言発しただけで多くをくみとってくれます。お互いに深くわかり合える相手です。

29日
生まれ

外見はお高くとまっている現実主義者に見えますが、実は直感やひらめきを大事にする人。目標に向かって堅実に努力できるので、ビジネスパートナーとしては最適。あなたの感性を理解し、着実に結果が出るようサポートしてくれるでしょう。

6日生まれとタイミングが合わない人

8日
生まれ

超がつく現実主義者。見えるものしか信用しないタイプなので、あなたとの接点が見つかりにくいでしょう。内心は不思議な世界に興味があるのですが、うまく表現できません。無愛想なので、話をばっさり切られて終わりということになるかも。

26日
生まれ

感情の起伏が激しく喜怒哀楽がはっきりしているので、一緒にいると振り回されて疲れる相手かも。元気がないので心配すれば、次の瞬間には高笑いしていたり。深くつき合えばつき合うほど、がっかりさせられることになりそうです。

7日生まれ

グレート型

全体運

　美意識が高く、好き嫌いがはっきりしている自由人。誰もが認める個性派で、団体で行動するよりもひとりでいることを好みます。横並びをよしとせず、常に独創的な生き方をしているので、どこにいても独特の存在感を放ち目立っているはずです。

　自分らしく人生を楽しみ、好きなことをとことん追求している姿は魅力たっぷり。その美的センスや人をハッとさせる言動に、熱烈なファンも多いでしょう。ファッション、ヘアスタイル、メイクにも自分なりのこだわりがあります。あなたにとって「カッコいいかどうか」は、とても重要なポイント。**流行にとらわれないオンリーワンのスタイルで、まわりの注目を集めている**でしょう。

　あなたは、人がなんといっても自分の認めたものには、ゆるぎない信頼と愛を注ぎます。また、**一度目標を定めたら、めったなことではあきらめない強靭な精神力も持っています。**人知れずひたすら努力を重ね、願いを叶えるでしょう。

　一匹狼のような強烈な個性を持つ一方、おおらかでざっくばらんな人づき合いもできるので、後輩や部下からも慕われます。相手に合わせた対応を使い分け、人を育てることも得意です。特に、自分と同じようなちょっと変わったタイプがお気に入り。目をかけてかわいがってあげているはずです。

　きゅうくつなことが何より嫌いで、のびのび生きたいと願うあなたは、自信をもってそのパワフルな個性を貫いてください。そうすれば、

●見守り梵字

秘められた才能が大きく花開き、他の追随を許さない金字塔を打ち立てることも夢ではありません。

注意すべきこと

やりたいことがはっきりしていて、いいたいこともためらわずにいえるキャラクターなので、自分自身のストレスはほとんどないはず。わが道を行くあなたには味方も多いのですが、敵もまたしかり。あなたのことを大好きだという人もいれば、目ざわりだと考える人もいることを頭の隅に置いておきましょう。

　また、**あなたにとっては「自分の流儀」でも、人によっては「ゴリ押し」に見えることもあるので気配りが必要です。**たとえ総スカンをくったとしても、タフな精神力で乗り切れますが、あまりに浮いてしまうのも考えもの。無意識のうちに人を傷つけたり無理をさせたりしていないかを考える視点も持つといいでしょう。

　とはいえ、人に合わせるのが苦手なあなたにとって、まわりに気をつかいながら行動するのは大きなストレスになってしまうでしょう。無理に人に合わせようとせず、集団から浮きすぎない程度のスタンスを心がければOK。たったひとりでもいいからよき理解者がいれば、勇気百倍。型破りな独創性で、新しいものを次々に生み出していけます。そのクリエイティブな才能が、まわりからの評価となってあなたを守ってくれるでしょう。

恋愛に関して

個性的なあなたが求める恋愛相手は、やはりあなたと同じようにキラリと光る強烈な個性を持ったタイプ。自分にない感性や才能を持った人に強くひかれていきます。また一方で、自分とは違う地味な人やまじめな人を好きになることも。

たとえ、好みでない人からどんなにアプローチされても、あなたの気持ちがゆらぐことはありません。また、相手への同情心から恋に発展することもないでしょう。尊敬の気持ちが持てない人には、まったく恋愛感情がわかないタイプです。

好きになったら気持ちをストレートに表現しますが、クールな恋愛がしたいのでベタベタするのは嫌い。ひとりの時間を持つこともあなたには大切なのですが、相手をほったらかしにして疎遠にならないように。

◇ LUCKY ◇

ラッキーナンバー 35

「35」は、思いやりの心で人と人との絆を結んでくれる数字。優しくソフトなエネルギーを持っているので、強い個性をやわらかく表現するのに役立ちます。あなたは普通に話していても、聞く人によっては、ズケズケ入り込んでくると思われたり責められているように感じたりするときもありそう。この数字は、そんなストレートな物言いに、穏やかさと優しさをプラスしてくれます。

ネイルに「35」と入れたり、スケジュール帳に数字シールを貼ったりして、いつも目に入るところにこの数字を置いておくとよいでしょう。

ラッキープレイス 美術館／アートギャラリー

芸術に触れると美的センスが高まり、個性に磨きがかかります。創造性がますますアップし、人気運、仕事運ともに好展開。

自由が何より大切な人なので、束縛されたり依存されたりすると、とたんにストレスを感じるでしょう。また、相手に頼られた場合は手をさしのべるのはイヤではありませんが、頼られっぱなしだと気持ちがさめるはず。

　お互いに自立し自由な関係をキープしながら、刺激を与え合い成長できる相手が、生涯のパートナーには最適です。

健康に関して

● のどの不調が体調不良のバロメーター。
● のどに負担をかける冷たい飲み物は控えめに。

ラッキーカラー　　パステルイエロー ／ ラベンダー

　マイルドで温和な雰囲気をもたらすパステルイエローは、強いキャラクターを持ったあなたに優しい春風のような印象をプラスしてくれます。同時に、計画的に物事が進められて、地に足をつけて行動できるパワーを与えます。

　ラベンダーもやんわりとした上品な明るさを持つ色。気持ちを落ち着かせ、感情をコントロールして個性をうまく伝えられる力をもらえるでしょう。

　パステルイエロー地にラベンダーのドット柄の入ったハンカチやポーチが、イチオシのアイテム。綿菓子のようにふんわりとしたエネルギーで、上昇運を呼んでくれますよ。

ラッキーアイテム　　キーホルダー

　家の主的な存在でいることが運気アップにつながるため、家の管理をするという意味でカギをつけるキーホルダーがラッキーアイテム。

向いている職業	ファッションデザイナー ／ イラストレーター ／ メイクアップアーティスト ／ カフェオーナー

　個性派で美意識が高いあなたは、ファッションデザイナーやメイクアップアーティスト、イラストレーターなどの華やかな業種で活躍できます。あなたなりのユニークな感性を生かして、独自のスタイルを確立していけるでしょう。組織に属して働くよりも、自分という看板を背負って独立するほうが才能を伸ばすことができ、あなた自身ものびのびと仕事ができるはず。

　また、たとえ組織の一員として働くことを選んだとしても、技術を磨き、自分を前面に押し出していくと成功に近づけます。

　独立してカフェを開くのもおすすめの道。おしゃれで落ち着ける空間を演出して、こだわりのコーヒーを出し、お客さんに喜んでもらえるお店ができるでしょう。焙煎にも徹底的に凝ってみるといいでしょう。

　人生を思いきり楽しむことがテーマなので、仕事も思いのままに楽しんでやることが成功のコツです。

7日生まれの有名人

★オール阪神 ［オール阪神・巨人］（お笑い芸人）
★矢沢あい（漫画家）
★チャン・ドンゴン（俳優）
★玉山鉄二（俳優）
★河本準一 ［次長課長］（お笑い芸人）
★ジャッキー・チェン（俳優）
★萩本欽一（タレント）
★上田晋也 ［くりぃむしちゅー］（お笑い芸人）
★司馬遼太郎（作家）
★堤真一（俳優）
★長渕剛（歌手）
★生田斗真（俳優）
★内山理名（俳優）
★古舘伊知郎（キャスター）
★上川隆也（俳優）
★MISIA（歌手）
★香川照之（俳優）
★叶恭子（タレント）

★青木裕子（アナウンサー）
★ニコラス・ケイジ（俳優）
★氷室京介（ミュージシャン）
★伊集院光（タレント）
★永山絢斗（俳優）
★山﨑賢人（俳優）
★阿久悠（作詞家）
★粗品 ［霜降り明星］（お笑い芸人）
★羽生結弦（プロフィギュアスケーター）

7日生まれをサポートしてくれる人

18日
生まれ

GOOD

27日
生まれ

コツコツ地道に努力できる18日生まれと華やかな個性を持つあなたは、たとえるなら陰と陽。パートナーとしてはベストな関係。ツボを心得たひと言で、いつもあなたを元気にしてくれます。

お互いにジメジメしているのが嫌いで、シビアな批評力を持つ2人。気性がさっぱりしている者同士なので即断即決ができ、物事がストレート、スピーディーに進みます。話していてフラストレーションを感じず、気持ちよくつき合えるでしょう。

7日生まれとタイミングが合わない人

6日
生まれ

?

20日
生まれ

神秘的なことにひかれる6日生まれの感性は、あなたには理解不能。それは、相手も同じなので、いつまでたっても歩み寄ることができません。お互いにずっと平行線のまま「よくわからない人」で終わってしまう可能性が高いです。

努力家なのに要領が悪く、から回りしてしまうため、見ているとイライラするかも。逆に相手からは、あなたが近道ばかりしているように見えています。反発し合わず、「こうやったほうが早いよ」と、教えてあげる気持ちで接しましょう。

8日生まれ

ストロンガー型

全体運

あなたは、精神力と体力を兼ね備えたタフな人。どんなことにも誠意をもって地道にとり組み、淡々と努力を重ねられる人です。決して派手ではないけれど、そのまじめさは誰もが認めるところ。信頼できる存在として、周囲から頼りにされているでしょう。

計画を立てスケジュール通りにコツコツがんばるのが得意なあなた。歩みは決して速いほうではありませんが、結果は必ず出すという着実性は誰にも負けません。また、たとえトラブルや困難に見舞われても動じない強さと安定感があり、バランス感覚にもすぐれています。ちょっとやそっとのことではくずれない芯の強さがものをいうときが、必ず来るでしょう。

あなたの人知れず粘り強く努力する姿は、周囲の共感を集めます。**気づいたときには有無をいわせない実力を身につけて、それなりのポジションを確保できる人です。**

しかし、その一方でガンコな一面があり、ムダ口をたたいたり愛想笑いをしたりすることも一切ないので、カタブツと見られがちかも。また、やや人見知りなところがあり、社交的なほうではないので、交友関係の広がりは少なそう。あなた自身もたくさんの人と浅く広くつき合うより、心を許し合える人と深く狭くつき合うほうが落ち着くはず。

本当はあたたかい優しさを持ち、身近な人は人一倍大切にします。また、自分から人を攻撃したり、感情的になってトラブルを起こしたりすることもありません。穏やかで落ち着いた毎日を過ごせるでしょう。

手がたく自分の道を切り開き、踏んばりどころでしっかりがんばれる
あなたは、向かい風や横風をものともせず、一歩一歩安定した人生を歩
いていけるでしょう。

注意すべきこと

　どちらかというと表情豊かなほうでは
ないので、第一印象で近寄りがたい雰囲
気を与えて損をしているかもしれません
ね。あなたも「とっつきにくい人」と思
われていることは、うすうす気づいているのでは？
　笑顔は人と人とのコミュニケーションをスムーズにしてくれる最高の
ツールです。不自然なつくり笑いをする必要はありませんが、**書類を渡
すときやお願い事をするときにニコッと笑顔を添えてみては**どうでしょ
うか。予想以上に好感度が上がるはずです。誠実な人柄にソフトな雰囲
気や明るさが加わったら、人間関係が今よりずっと広がり、あなたのよ
さに気づく人がたくさん出てくるでしょう。
　また、計画を立てて物事を進める自分のやり方に、こだわりすぎるの
も考えものです。柔軟性がなくなり、かえって効率が悪くなることもあ
るので気をつけましょう。目的と手段をしっかり分けて考え、臨機応変
な対応ができるよう心がけるといいでしょう。
　想定外の出来事が起きたときにひとりで抱え込んでしまう傾向がある
ので要注意。トラブルを素直に認め、周囲に助けを求めるのも一案です。

恋愛に関して

基本的には、身近にいる人で、あなたと同じように人を裏切らない誠実なタイプにひかれることが多そう。

たとえデートに誘われたとしても、即答はしない慎重派。ひと目ぼれもほとんどないはず。生まじめな性格のせいで恋愛のチャンスを自分から遠ざけているようなところがありそうです。あなた自身は意識していなくても、どことなく誘いにくい雰囲気をかもし出しているかもしれません。恋の始まりは、友人関係から少しずつ恋愛に発展するパターンと、恋のスイッチがちょっとしたきっかけで突然カチッと入るパターンの両方がありますが、**恋愛関係になってからはスローペース。穏やかな恋をゆっくり進めていくでしょう。**

お互いにうわついたところがまったくないので、恋愛初期から「ねぇ、2人でいて楽しい?」と聞かれるような淡々とした雰囲気かもしれ

◇ LUCKY ◇

ラッキーナンバー **13**

明るく陽気なエネルギーを放っている「13」。この数字の影響を受けると、無理に笑おうとしなくても自然に笑みがこぼれるような楽しい気分になれます。また、苦手な場面でも物おじせず人と話せるようになり、場をなごませるトーク術も身につけられるでしょう。目につくところにこの数字を書きとめ、あなたの苦手分野であるコミュニケーション能力を高めましょう。

「笑顔」「優しさ」などの今のあなたに必要なキーワードを入れた自分なりの標語をつくり、1日13回唱えてみましょう。「みんなに優しく」「いつも笑顔」など、簡単な言葉でかまいません。親しみやすい雰囲気が出て、新しいあなたを印象づけること間違いナシですよ。

ラッキープレイス **山 / ハイキングコース**

山を見ることで心が安定し、パワフルになれます。低山トレッキングやハイキングに出かければ体力づくりもできて一石二鳥。

ません。しかし、当人同士はそれでOK。落ち着いた大人の恋愛ができるでしょう。

　いい恋愛をするためには、いつも心をオープンにしていること。友達からの誘いに気軽に乗ったり、雑談につき合ったりして、柔軟な人づき合いを心がけると、うれしい誘いが増えるはずですよ。

健康に関して

- ●腰痛には注意。腰をしっかりガードして。
- ●軽いストレッチやヨガで柔軟な体づくりを。

ラッキーカラー　　オレンジ ／ ターコイズブルー

　ぶっきらぼうな印象を与えてしまうあなたに、親しみやすさをプラスしてくれるのがオレンジです。オレンジの力を借りればハッピーな気分になり、人に対して寛大になれるはず。

　ターコイズブルーもさわやかな印象を人に与えられるようになり、好感度を上げる色。スムーズに物事を進めるのにも役立ちます。どちらも周囲とのコミュニケーションが上手にとれるように助けてくれる色です。人と接するときはオレンジを、仕事の流れをよくしたいときはターコイズブルーを身につけましょう。

ラッキーアイテム　　革製品（カード入れ、財布など）

　落ち着きとステータスを表す革のグッズには運気を安定させる働きが。茶系で上質な革のものをセレクトして。

向いている職業	銀行員 ／ ライター ／ 芸能マネージャー ／ 理学療法士 ／ スポーツドクター

　誠実で実務能力に長けたあなたは、お金の管理や経理的な仕事をそつなくこなせるタイプ。銀行員などのかっちりした職種が向いています。

　地道な取材で文章を書き上げていくライターもおすすめ。また、「守り」の力を発揮する「8」のエネルギーを持っているので、タレントを守りつつサポートする芸能マネージャーとして実力を生かすこともできます。

　物事やエネルギーを整える能力があり、知力、体力にも恵まれているので、スポーツドクターや理学療法士としての活躍も期待できます。あなた自身が安定していてバランス感覚にすぐれているため、体のバランスをくずした人のサポートをすれば、右に出る人はいないでしょう。

　どんな仕事でも大切なのは、笑顔とコミュニケーション。もともと信頼できる人柄とすぐれた実力を持っているので、人づき合いに気を回せるようになると、活躍の場が広がります。

8日生まれの有名人

★エルヴィス・プレスリー（歌手）
★小泉純一郎（元政治家）
★蛍原徹（お笑い芸人）
★田村亮［ロンドンブーツ1号2号］（お笑い芸人）
★6代目三遊亭圓楽（落語家）
★松下奈緒（俳優）
★佐々木希（モデル）
★桜井和寿［Mr.Children］（ミュージシャン）
★桃井かおり（俳優）
★沢尻エリカ（俳優）
★榊原郁恵（タレント）
★さくらももこ（漫画家）
★三谷幸喜（脚本家）
★谷原章介（俳優）
★天海祐希（俳優）
★松本人志［ダウンタウン］（お笑い芸人）
★室伏広治（元ハンマー投げ選手）
★坂口憲二（俳優・実業家）

★大竹一樹［さまぁ〜ず］（お笑い芸人）
★三村マサカズ［さまぁ〜ず］（お笑い芸人）
★稲垣吾郎（タレント）
★田中卓志［アンガールズ］（お笑い芸人）
★和久井映見（俳優）
★高木ブー［ザ・ドリフターズ］（タレント）
★山本寛斎（デザイナー）
★水木しげる（漫画家）
★高橋みなみ（タレント）
★ピエール瀧［電気グルーヴ］（ミュージシャン）
★TERU［GLAY］（ミュージシャン）
★平野綾（声優）
★本仮屋ユイカ（俳優）
★八村塁（プロバスケットボール選手）
★松本明子（タレント）
★DJ KOO［TRF］（DJ・タレント）
★高梨沙羅（スキージャンプ選手）

サポートしてくれる人と
タイミングが合わない人

8日生まれをサポートしてくれる人

13日
生まれ

21日
生まれ

陽気で盛り上げ上手なので、一緒にいるとハッピーになれる相手。あなたのお茶目な部分を上手に引き出し、まわりにも伝えてくれます。仕事面でもムダのない積み上げができる人。恋人や友人はもちろん、同僚や上司に持つと最高です。

生まれ持ったビジネスセンスがあり、なんでも軽々とできる有能な人。堅実に仕事をこなすあなたとは無敵のコンビが組めるでしょう。21日生まれのスピード感ある生き方はあなたに刺激を与え、人生に新しい風を吹かせてくれます。

8日生まれとタイミングが合わない人

1日
生まれ

?

8日
生まれ

自分がトップに立つために突っ走るタイプ。一歩一歩進んでいきたいあなたとは絶望的にテンポが合いません。いつもとり残される感じを持ってしまうかも。協調性を身につけるチャレンジと考えれば、お互いに大きく成長できるはず。

無口な者同士、2時間しゃべらなくても平気なことも。周囲から見たら、かなり不思議な関係です。本人たちはそれでいいかもしれませんが、深刻な雰囲気をかもし出してしまうので、一緒にいてプラスになる要素は少ないでしょう。

9日生まれ

エリート型

全体運

　誰にもマネできないひらめきと、群を抜いたセンスで異彩を放つあなた。人を驚かせる斬新な企画力はダントツです。外見や立ち居ふるまいにも何かと人目を引く華やかさを持っているので、どこにいても話題の中心になれるでしょう。

　カンが鋭く頭の回転も速いあなたは、どんな場面でも臨機応変に対応し頭角を現していきます。みんなをワクワクさせるような楽しいアイデアを出したり、新しいしくみを考えて作業効率を上げたりするのもお手のもの。**いつも自信たっぷりで、優雅で品のある印象を与える姿は、まさしくエリートそのもの**です。周囲を圧倒する手腕で望む地位へと上りつめるでしょう。

　しかし、自分のインスピレーションと能力に絶対的な自信があるため、我を通しすぎて反感を買ってしまうことがあるかもしれません。あなた自身は、周囲に波風を立ててもまったく平気ですが、ときにはがむしゃらに自己主張するばかりでなく、一歩引いて状況を冷静に分析する目線も大切です。

　また、自分の力を認めてもらいたい気持ちが強すぎて、「すごいでしょ」といわんばかりの言動をとってしまうことも。気づかないうちに、つい得意げな態度をとったり自慢話をしたりして、敵をつくっているかもしれません。「私は、私は」と声高に叫ばなくても、あなたの実力はまわりが十分に認めているので安心して。

　物事が思い通りに進まなかったり実力が認められないときは、強気のあなたも落ち込んでしまうことがあるかもしれません。しかし、ほめら

◉見守り梵字

れるとすぐに復活するので、大きな挫折や失敗があったとしてもたくましく乗り越え、生き抜いていけます。

注意すべきこと

　自信があるだけにプライドが高く、自分本位にものを考えてしまう傾向があります。いまひとつ自覚がないかもしれませんが、「気が強い」「強引なところがある」と人からいわれたことはありませんか？

　プライドも出し方を一歩間違えると高慢な態度に見えて、損をすることに。**自分目線だけで考えるのをやめて、客観的に状況を見ることも意識してみましょう。**

　また、気分にムラがあり感情が顔に出てしまうのも注意点。全体の和を乱してしまい、孤立無援になってしまうこともあるかもしれません。人と接するときは「相手はどう感じるだろう」「今、何をすれば喜んでもらえるだろう」と考えるクセをつけると謙虚な気持ちが生まれ、物腰もやわらかくなりますよ。

　自信家に見られがちなあなたですが、実は小心者で心配性な面もありそうです。ひとりになったときにクヨクヨ考えたり、不安を感じたりすることもあるのでは。性格的に、他人に相談するのはあまり好きではないかもしれませんが、ときには人に助言を求めるのもおすすめです。話すだけですっきりしますし、自分ひとりでは気づけなかった解決法や改善点が見つかり、意外な活路が見いだせますよ。

恋愛に関して

想うよりも想われるパターンを好む「お姫様気質」「殿様気性」を持つあなたを幸せに導くのは、一生懸命つくしてくれる人。知らず知らずのうちに相手を振り回していることがあるので、パートナーには「包容力」と「忍耐力」が必須条件です。

あなたの気分が猫の目のようにコロコロと変わっても優しくうなずいてくれる人か、あるいは、情緒が安定していて、感情的な発言をしてもスルーしてくれる人を選ぶのが吉でしょう。

ただし、あなたが好きになるタイプは、自由奔放な人やワガママな人が多いかも。一時の感情に押し流されないように心してください。「自分を幸せにしてくれるかどうか」を基準にして、パートナー選びを。

自分からはめったに告白しないあなたですが、もし落としたい相手が

◇ LUCKY ◇

ラッキーナンバー 11

人生をスムーズに発展させる「11」を意識しましょう。トラブルや障害を寄せつけず、やりたいことがテンポよく進んでいくようサポートしてくれます。また、素直さや誠実さが生まれ、人の意見をすんなりと受け入れられるようになるので、人間関係をグッとよくしてくれるでしょう。

「11」は、今のあなたのよさをそのまま生かしながら、さらに幸運を引き寄せる数字。メイクのあとに、鏡の前で11回にっこり笑ってみましょう。表情が和らぎ、親しみやすさが生まれます。また、気分が上がり人を思いやる余裕が生まれるので、人気運も上昇するでしょう。

ラッキープレイス ビルやデパートの屋上 ／ タワーの展望台

見晴らしのいい場所に行くと、インスピレーションがわきやすくなります。自然の多い景色を見ると、さらに運気アップ。

いるなら、何より頼りになるのは、そのカンです。変に頭で考えてしまうと失敗する確率が高まるので、カンがOKを出しているときは、「エイヤッ」で告白するのもアリ。恋の女神がほほ笑む確率はかなり高いといえます。

健康に関して

- 頭痛や眼精疲労の予防に頭部などのマッサージを。
- 血圧の変調には要注意。常にチェックして。

ラッキーカラー　バイオレット ／ ゴールド

あなたの場合、カンのよさが強運を呼び込むカギ。カンを磨くために時間と労力を惜しまないことが幸せへの近道です。バイオレットもゴールドも、その鋭いカンにますます磨きをかける色なので、日常で使うグッズや身につけるものにとり入れていきましょう。

直感力と精神性を高めるバイオレット。幸せと繁栄を象徴し、辛抱強さも身につくゴールド。この2つの色は金運を呼ぶ強力な組み合わせです。どちらの色も、あなたの品格を輝かせるのに役立つ高貴なエネルギーを放っています。

どんな使い方をするかは、あなたの感性次第。その日の直感で自由にとり入れてください。

ラッキーアイテム　ゴールドのピアスやネックレス

ゴールドと、アメシストなどのバイオレットの石を組み合わせたアクセサリーが最高に吉を呼びます。

向いている職業

美容師 ／ ネイリスト
建築デザイナー ／
ヨガインストラクター

　天性のカンとセンスのよさを駆使して、美容師やネイリストなど、人の美しさを引き出す職種で活躍できます。独自の美的センスを生かして、人が気づかなかった新しい魅力を見つけたり、誰もがハッとするような作品に仕上げたりして、注目を集めるでしょう。

　その美的感覚とひらめきのよさは建築分野でも発揮できます。ものをつくることが得意なので、全体を見通しながら自分の感性を盛り込んだ個性的な作品を世に送り出していけるでしょう。

　カンを磨きながら体を鍛え上げていくヨガのインストラクターもおすすめの仕事。もともと感性が鋭いので、ヨガを始めたら上達も早いはずです。

　仕事をするうえでカンのよさは大きな武器になりますが、あまりカンだけに頼りすぎるのも考えもの。情報分析もしながらバランスよく直感を使っていきましょう。

9 日生まれの有名人

- ★井上真央（俳優）
- ★夏目漱石（作家）
- ★ラモス瑠偉（元プロサッカー選手）
- ★チャン・ツィイー（俳優）
- ★春日俊彰［オードリー］（お笑い芸人）
- ★山下智久（タレント）
- ★源頼朝（鎌倉幕府初代将軍）
- ★森光子（俳優）
- ★ジョニー・デップ（俳優）
- ★内田恭子（アナウンサー）
- ★国仲涼子（俳優）
- ★トム・ハンクス（俳優）
- ★久本雅美（タレント）
- ★草彅剛（タレント）
- ★黒柳徹子（タレント）
- ★大塚愛（歌手）
- ★野口英世（細菌学者）
- ★えなりかずき（タレント）

- ★綾小路きみまろ（漫談家）
- ★上村愛子（元モーグル選手）
- ★ISSA［DA PUMP］（歌手）
- ★木梨憲武［とんねるず］（お笑い芸人）
- ★平原綾香（歌手）
- ★松田龍平（俳優）
- ★薬師丸ひろ子（俳優）
- ★長野博（タレント）
- ★降谷建志［Dragon Ash］（ミュージシャン）
- ★横山裕［関ジャニ∞］（タレント）
- ★池上彰（ジャーナリスト）
- ★加瀬亮（俳優）
- ★鈴木奈々（タレント）
- ★あだち充（漫画家）
- ★鈴木亜美（歌手）
- ★千葉雄大（俳優）
- ★厚切りジェイソン（タレント）
- ★松陰寺太勇［ぺこぱ］（お笑い芸人）

サポートしてくれる人と
タイミングが合わない人

9日生まれをサポートしてくれる人

24日 生まれ   GOOD   **25日** 生まれ

セレブな雰囲気と運のよさがあなたとの共通点。性格がおっとりしているので、少々きついことをいっても気づかないため、いざこざは起きません。あなたのいい部分を上手に引き出してくれる存在です。

母親のようなあたたかさと優しさを持った人。長所を見つけてほめるのがうまいので、あなたはいつも気分よく話せるでしょう。なんでも受け入れてくれる器の大きさがあり、気をつかわずに接することができます。

9日生まれとタイミングが合わない人

10日 生まれ   ?   **18日** 生まれ

テキパキ実務をこなす有能な仕事人ですが、いつもひと言多いため、何かというとぶつかってしまう関係。お互いに不快な思いをすることが多いでしょう。グチを延々と聞かされて、「だから、なんなの！」とキレてしまうこともあるかも。

地道に実績を積み上げていくタイプなので、感覚を生かして地位を得ていくあなたに対して少し嫉妬があるかも。遊び心あふれるあなたの企画力や華やかさに憧れつつも反発する、複雑な心理を持っていそうです。

10日生まれ

ディベロッパー型

全体運

あなたは手早く仕事を片づけられる手腕があり、なんでもそつなくこなせる人です。物事のとりかかりも早く、スタートダッシュでめざましい成果を上げることができます。**責任感が強くて人をまとめる力も備え、リーダーとしての資質も十分**。人の先頭に立って実力を発揮するので、頼られる場面も多いはずです。どんなことでも完璧にやり遂げたいと考えるため、ちょっとした用事から何カ月もかかるプロジェクトにいたるまで、手を抜くことがありません。**次から次へとやってくる課題をテキパキと処理し、他の追随を許さない実務能力を発揮**します。

周囲は「デキるあなたにまかせておけば安心」と思っているでしょう。あなたも頼られるとイヤといえないタイプなので、一生懸命がんばります。しかし、心の中では不満がいっぱい。「どうしてこんなに仕事が多いの」とか「自分ばっかり貧乏くじを引いている」と感じているかもしれません。そして、その思いは無意識のうちにグチになって出ているかも……。

また、批評力の鋭いあなたは、人が気にしないような小さいことも見逃しません。だからこそ、パーフェクトな実績が残せるのですが、気になることがあると、いわなくてもいいひと言をいってしまうのが悪いクセ。それは、まさに「クセ」としかいいようのないものなので、自分では気づいていないかもしれません。しかし、つい出てしまうグチや他人への不用意なひと言は、人間関係を壊してしまうこともありそうです。

手抜かりのない仕事ぶりや時代を見通す力、情勢や人の個性を見極め

●見守り梵字

てグループ全体を導いていく力でスペシャリストとして活躍できるあなた。「口は災いのもと」と心得て、自分の機嫌を自分でとる方法を知ると、さらに成功という大きな結果を残すでしょう。

注意すべきこと

運勢をよくするためには、「余計なひと言」と「グチ」を封印すること。そうすれば、せっかくがんばってきたのに、たったひと言多かったために不本意な結果に終わる悲劇は防げます。また、周囲のためにつくしているのに批判がましい言動のせいで孤立することもありません。誰もがあなたに感謝し、その能力通りの正当な評価をしてくれるでしょう。

しかし、いくら口を慎むといっても、心の中で不満や文句が渦巻いていたのでは精神衛生上よくありませんね。**人に対してイラッとしたときには「そういう人もいるよね」「そんな考え方もあるかも」と思ってみ**ましょう。また、グチりたくなったときには、ラッキーナンバーやラッキーカラーを上手に活用して、気分を上げましょう。信頼できる人に状況を話して、アドバイスを求めるのも大きな助けになります。

また、自分はグチをこぼしているのに、人のグチは聞きたくないという自己中心的な部分もありそう。煮つまってきたらフットワークの軽さを生かして、遠出をしたり新しい出会いを求めて合コンをしてみては？いい気分転換になりますよ。あなたは、上を目指していける力を持った人です。上手に自己コントロールして、大飛躍へとつなげましょう。

恋愛に関して

上昇志向を持つあなたが選ぶ恋の相手は、自分を成長させてくれる人や上のポジションから引っぱり上げてくれる人。また、仕事ができる人には無条件でひかれるところもありそう。いずれにしろ、自分にとってプラスになる人を、無意識のうちにしっかり選んでいることが多いかもしれません。

しかし、**本当にマッチする相手は、あなたのグチを大きな心で受け止めてくれる人**。否定や反論をせずに「そうだね、大変だね」と聞いてくれる相手こそ、「運命の人」です。あるいは、自分の世界をしっかり持っていて、あなたが何を言っても気にとめず、サラッと受け流してくれる人とも相性はいいでしょう。

いつもこまめに動き回っているのが好きなので、相手の世話を焼くことも多いはず。それをイヤがらず受け入れ、なんでも話を聞いてくれる

◇ LUCKY ◇

ラッキーナンバー **18**

「18」は、我慢強さや粘り強さを表す数字。あと一歩のところで「もう、いいや」とあきらめてしまいたくなるときに踏みとどまる根気が身につきます。また、つい グチをこぼしたくなったときにこらえる力も。少々のことでは屈しないしぶとさが身につきますよ。

毎日、腹筋を18回してみましょう。体力がついてきたら、セット数を増やしていくといいでしょう。少々のことではあきらめないバイタリティーが生まれます。この数を常に意識することで、グチが劇的に減るはず。目にとまりやすいところに「18」と書いた紙を貼り、「まったく……」と、つい口からこぼれそうになったら即、見るようにしましょう。

ラッキープレイス **川／噴水**

水の流れがある場所に吉運があります。ネガティブな思いを浄化してくれる作用も。日本庭園の中の小川などが理想です。

人を選びましょう。

　ただし、仕事が大好きなので、恋愛への情熱には少し欠けるところがあるかも。ときには仕事にのめり込みすぎて、恋人をほったらかしにしてしまうこともありそう。相手に寂しい思いをさせないように注意すれば、ハッピーエンドにつながるでしょう。

健康に関して

- 手先からくる冷えに注意。常に体をあたためて。
- 頭痛がするときは、目を休めて休養を。

ラッキーカラー　　　オレンジ ／ ブルー

　元気とあたたかさをくれるオレンジは、泣き言や恨みつらみをいいたくなったときに助けてくれます。ユーモアのセンスを高めるパワーもあるので、自分の状況を笑いとばしながらピンチを切り抜けられるようになるでしょう。

　ブルーは、イライラしているときに冷静さをとり戻せる色。不機嫌になっているなと気づいたときにブルーを見ると、心が落ち着き、不用意なひと言を発するのを防いでくれるでしょう。

　どちらの色もインテリアや小物など、いつも目に入る身近なものでとり入れていきましょう。

ラッキーアイテム　　　リップクリーム ／ 口紅

　リップクリームや口紅をつけると、顔の印象が明るくなるだけでなく、口調がソフトになり福を呼びます。

イラストレーター ／ 画家 ／ システムエンジニア ／ 花火師 ／ 占い師

　高い実務能力があり、どんな仕事でもきちんとこなせる10日生まれですが、実は絵の才能も豊か。イラストレーターや画家として才能を発揮していけます。頭の回転が速くすぐれたデザイン力を持っているので、多面的に全体を把握してシステムをつくるシステムエンジニアも向いています。

　10日生まれの特徴として、感情を引きずりグチが出てしまうことがあるので、ひとつひとつの仕事をその場で完了させ、次に向かっていけるスタイルがおすすめ。花火師や占い師なら、その場で仕事の結果がきちんと出て終わるので、ストレスを感じずに才能を生かしていけるでしょう。特に占い師は、統計を読みとる能力にすぐれ、カンも鋭いあなたにぴったりです。疲れて気持ちが後ろ向きになりそうなときは、気分転換を上手にはかり、明るい気持ちをキープできるように心がけると、実力通りの成果を期待できるでしょう。

10日生まれの有名人

★福澤諭吉（思想家）
★松田聖子（歌手）
★山田花子（お笑い芸人）
★杉浦太陽（俳優）
★和田アキ子（歌手）
★木村佳乃（俳優）
★堂本剛［KinKi Kids］（タレント）
★松たか子（俳優）
★小泉孝太郎（俳優）
★速水もこみち（俳優）
★菅直人（政治家）
★川島なお美（俳優）
★栗山千明（俳優）
★佐藤浩市（俳優）
★高橋英樹（俳優）
★藤井隆（お笑い芸人）
★田中裕二［爆笑問題］（お笑い芸人）
★博多大吉［博多華丸・大吉］（お笑い芸人）

★さだまさし（歌手）
★武田修宏（元プロサッカー選手）
★沢村一樹（俳優）
★筧利夫（俳優）
★小沢一敬［スピードワゴン］（お笑い芸人）
★たくや［ザ・たっち］（お笑い芸人）
★かずや［ザ・たっち］（お笑い芸人）
★川口春奈（俳優）
★水卜麻美（アナウンサー）
★大原櫻子（俳優・歌手）
★河野太郎（政治家）
★財前直見（俳優）
★川口春奈（俳優）
★門脇麦（俳優）
★井上尚弥（プロボクサー）
★ミッツ・マングローブ（タレント）
★いとうあさこ（お笑い芸人）
★クロちゃん［安田大サーカス］（お笑い芸人）

サポートしてくれる人と
タイミングが合わない人

10日生まれをサポートしてくれる人

2日
生まれ

GOOD

17日
生まれ

　泣き言や行きすぎた批判を上手にフォローしてくれる相手。人を輝かせることが得意なサポーター気質なので、あなたのよさを誰よりもうまく引き出してくれます。部下や仕事上のパートナーに選びたいタイプ。

　いつも前向きでサバサバしているので、あなたがグチをこぼしてもまったく気にせずつき合ってくれます。17日生まれの行動力やカッコよさは、いいお手本になるでしょう。有言実行のストレートな生き方を見習って。

10日生まれとタイミングが合わない人

8日
生まれ

28日
生まれ

　生まじめな性格で、どちらかというと無愛想。あなたがちょっとグチっただけで、「それで？」とにらまれることも。黙々と努力する8日生まれには、あなたの言動は弱音を吐いているように見えるのかも。近づくと不快な思いをしがちです。

　実力は十分で頭脳明晰。あなたと同じスピード感でスタートするので最初はいいのですが、終盤で息切れしてしまうのが問題。一緒に何かをすると、最後の最後になってダウンしてあなたに負担が。ペース配分を考えてつき合うべき相手です。

11 日生まれ

ドリーマー型

全体運

素直で人当たりがやわらかく、第一印象が最高にいいあなた。自然にすんなり溶け込めるピュアな心の持ち主です。人柄も誠実で、反感を買うようなことをいったり、人を傷つけたりすることもまずありません。**誰からもかわいがられ、愛されるマスコット的な存在**です。

ロマンチストのあなたが大好きな時間は、お茶を飲みながら好きなイメージをふくらませ、空想にふけっている時間。人とは少し違う感性を持ち、夢見がちな瞳でにっこりほほ笑む姿を「浮世離れしている」という人もいるかもしれません。

実際に突飛な発言などで、まわりを驚かせることもありそう。また、動物や植物とおしゃべりできる特技があったりするかも。

一見、「不思議ちゃん」にも見えますが、現実的な面もしっかり持ち合わせています。実力に合った実現可能な夢を持ち、あなた自身も目標に向けて努力できるので、夢を叶える確率は非常に高いでしょう。

人と争うことなど考えもしない、根っからの平和主義者なので、ウソをいったりごまかすことは皆無。また、空想好きで非現実的な夢追い人の部分と、普段の暮らしをつつがなく送る生活力のバランスもバッチリとれています。きちんとしなければいけない場面では、それなりの対応ができるので危なっかしいところがありません。

人をふんわりとなごませる天然の魅力で多くのファンを引き寄せ、幸せな毎日を送りつつ夢を手にすることができるでしょう。

◉見守り梵字

注意すべきこと

気をつけたいのは、あまりにも素直すぎて人をすぐに信じてしまうところ。純真で相手を疑うことを知らないので、信じていた人にだまされたり裏切られたりして傷つくこともありそうです。甘い言葉に乗せられてふわふわと流されてしまうと、痛い目にあうことも……。

どんな人からも好かれる優しさを持っているのはあなたの美点ですが、きちんと見極めるべきところは見極めましょう。また、少しうっかり屋さんの部分もあるので、大事なことを見落として問題が大きくなることも。**大きなトラブルに巻き込まれる前に、「ちょっと待ってみよう」と立ち止まり、冷静に状況を判断する時間をとりましょう。**

あまりに人がよすぎるので、親しい人は少し心配しているかもしれません。流れがおかしいなと感じたら、信頼できる人に相談して早めに手を打ちましょう。あなたの場合、まわりを見回すと、いつでも助言してくれたり援助してくれる人が必ず近くにいるはず。なんでも自分ひとりで抱え込んでしまわないほうが得策ですよ。

陽気な天然系のキャラクターも度を越すと「変わった人」と思われ、まわりから少し距離を置かれてしまうことも。嫌われたり仲間はずれにされることはありませんが、浮きすぎないように気をつけましょう。

恋愛に関して

スイッチがピピッと入ったら相手に突然自分から告白することも。理屈や打算ではなく感覚で瞬時に恋に落ちるタイプなので、まわりからはあなたの選ぶ相手には一貫性がないと見られそう。

パートナーの必須条件は、あなた独自の世界観を受け止め共有してくれること。 ガチガチの現実主義者とつき合うと、相手に合わせようとがんばりすぎてしまい、後々つらくなってしまうかも。妖精の話や動植物との交流について熱く語っても否定せず、同じレベルで共感してくれる人を探しましょう。

ただし、あなたは常識的な部分もきちんと持っているので、少し現実離れした会話もほとんどの人にとっては許容範囲。それも魅力のひとつになって、幸せな恋愛ができるでしょう。人目を忍ぶ恋をしたり二股を

◇ LUCKY ◇

ラッキーナンバー 7

独創的で強烈な個性を表す「7」は、きわ立った判断力と直感を与え、自分を打ち出すパワーをくれる数字。よこしまな心をもってあなたに近づく人を見定める目を与えてくれます。切るべきところはスパッと切る潔さも身につくので、個性を発揮して夢を実現させる流れが勢いづくでしょう。

 メールを送るときや家から出かけるときは、「〇時7分」になるように調整を。7の強さがあなたを後押しして自己主張できるようになるので、人から利用されたり裏切られたりすることもなくなるでしょう。同時に、勝負強さも身につきます。

ラッキープレイス 森 ／ 大きな木の下

森は、あなたの「住み処」といえる場所。森林浴をしたり寝転んだりして、ゆるゆると過ごして。潜在能力が引き出され開花します。

かけられたりしてドロドロの恋愛劇を演じても、大きな失敗をすることもなさそうです。

　メルヘンチックなシチュエーションや非現実的な演出が大好きなので、誕生日やクリスマスなどのイベントを大事にしてくれるマメな人がベスト。お互いを応援し合い、ともに夢を追える人が見つかれば、一生支え合っていける素敵なパートナーになるでしょう。

健康に関して

● 手の荒れや爪の割れに気をつけて。
● マッサージやネイルでこまめなケアを。

ラッキーカラー　　マゼンタ ／ ゴールド

　マゼンタ（明るい赤紫）は、あなたの宇宙的な感覚をますます磨いてくれます。また、自分らしさを前面に出して、イキイキとした毎日を送るのに欠かせない色です。落ち着きやバランス感覚も与えるので肌身離さず持ち歩くものにとり入れると情緒が安定し、いつでも穏やかな気持ちで過ごせるでしょう。

　現実的な生活をサポートするゴールドは、物質面での豊かさをもたらします。また、夢見がちな面をうまくコントロールし、地に足をつけて行動できます。ゴールドを身につけると幸せや繁栄を呼び、同時に集中力もつくので、目標を達成するために着実に前進していけるでしょう。

ラッキーアイテム　　ファーの小物

　ふわふわした手ざわりがあなたを最高に癒やし、運の波を引き寄せます。ファーつきのバッグやマフラーなどでおしゃれを楽しんで。

| 向いている職業 | 飼育員 ／ 気象予報士 ／ WEBデザイナー ／ カラーコーディネーター ／ モデル |

動物や自然とのかかわりが強い11日生まれ。動物たちの気持ちを読みとる力が必要な飼育員なら能力を生かせて、あなた自身も楽しく働けるでしょう。天候や自然環境の変化をキャッチして伝える気象予報士や、色に対する感性が要求されるカラーコーディネーターも、力を発揮できる分野です。

11日生まれの特徴である魅力的なルックスならモデルとしても活躍できるので、自分を磨いてチャレンジしてみるのもいいでしょう。

また、ビジュアル的な感性が求められるWEBデザイナーもおすすめの職種のひとつです。

人を素直に信じすぎるところがあるので、その点だけは注意が必要ですが、現実的な感覚と不思議な感性をバランスよく生かしていけるあなたなら、どの分野でも独自のポジションを確保して、オリジナルの仕事ができるでしょう。

11 日 生 ま れ の 有 名 人

★深津絵里（俳優）
★松岡昌宏 [TOKIO]（タレント）
★浜口京子（レスリング選手）
★鳩山由紀夫（政治家）
★大沢たかお（俳優）
★土屋アンナ（モデル）
★武田鉄矢（俳優）
★泉谷しげる（歌手）
★浜田雅功 [ダウンタウン]（お笑い芸人）
★チェ・ジウ（俳優）
★新垣結衣（俳優）
★松村邦洋（お笑い芸人）
★泉ピン子（俳優）
★矢作兼 [おぎやはぎ]（お笑い芸人）
★福田充徳 [チュートリアル]（お笑い芸人）
★森高千里（歌手）
★藤井フミヤ（歌手）
★涼風真世（俳優）

★田中美佐子（女優）
★加藤シゲアキ [NEWS]（タレント）
★太田莉菜（モデル）
★白鵬（元大相撲力士）
★UA（歌手）
★真野恵里菜（俳優）
★孫正義（実業家）
★安田章大 [関ジャニ∞]（タレント）
★ケイン・コスギ（俳優）
★白鳥久美子 [たんぽぽ]（お笑い芸人）
★広瀬アリス（俳優）
★三木谷浩史（実業家）
★加山雄三（俳優）
★沢口靖子（俳優）
★山口もえ（タレント）
★佐々木彩夏 [ももいろクローバーZ]（タレント）
★坂口健太郎（俳優）
★秦基博（歌手）

サポートしてくれる人と
タイミングが合わない人

11日生まれをサポートしてくれる人

3日
生まれ

GOOD

11日
生まれ

　自由でほがらかな3日生まれは、いつも楽しく過ごせる相手。お互いに純真さを忘れずに子どもの心を持っているので、同じ感性で会話が交わせます。波長が合う仲よし同士、一度親しくなったら長くつき合えるでしょう。

　同じ感覚を共有できる貴重な存在。会ったその日から違和感なく打ち解けられる相手です。感動や笑いのツボが近いので、映画や音楽の話を始めると止まらないかも。お互いに理解し合い、2人の世界をつくって楽しめる相手になりそう。

11日生まれとタイミングが合わない人

9日
生まれ

?

19日
生まれ

　「プリンス」「プリンセス」が9日まれの特徴です。少々プライドが高く、攻撃性のある言葉や態度ととられることもありそう。あなたはそれを気にやみはしませんが、距離を置くのが賢い選択でしょう。

　夢見がちで、熱しやすく冷めやすいタイプ。小悪魔的な魅力がある人で、なぜかあなたに対抗意識を燃やします。あなたはジャマをされても気づかないおおらかさがあるため、痛くもかゆくもないでしょうが、用心するのが得策です。

12日生まれ

チャイルド型

全体運

　子どものような熱心さで、興味があるものにとことんのめり込むタイプ。持って生まれたコレクター気質があり、アンティークトイや食器など趣味のものを集めることに熱中しやすい傾向があります。アキバ系のオタク情報にも通じていたりして、**凝り性でマニアな一面は他の人に比べて突出している**でしょう。

　また、好きなことや趣味に対しては自分なりのこだわりがあるため、ジャマされると、とたんに不機嫌になるといった少し幼いところもありそう。そのかわり、**やりたいことをやらせたら寝食も忘れてとり組む、すばらしい集中力の持ち主**です。

　自分の世界に入って好きなことにコツコツとり組めるあなたは、器用さを発揮して人が驚くような工夫をしたり、特別な技術を習得できる人。自分の興味があることならフットワークも軽く、出費もいといません。身軽に行動し努力も惜しまないので、労力に見合った成果を上げることができるでしょう。その半面、自分の興味のないことには、まったく無頓着。非凡な集中力と器用さが生かせるのは、あなたの興味のあるものに限ってということが多いかもしれません。また、自分のジャンル外のことに無理してとり組んでも、から回りをして終わるだけの可能性が高いようです。

　あなたの能力を生かして大成するためには、得意なことや興味のあることをいち早く見極めていくことが大切です。コレクションを公開する私設博物館を開いたり、料理を教えるサロンを始めるなど、あなたにしかできない趣味の世界を仕事にして、まわりに貢献できることを見つけ

◉見守り梵字

ましょう。すると、自分も楽しみながら豊かな人生を歩いていけるでしょう。

注意すべきこと

自分の好きなことに没頭して、自由に遊んでいるだけで満足できるあなた。誰かと一緒にいて気をつかうよりも、ひとりでいるほうがラクでいいと感じていませんか？ 趣味の世界で自己完結してしまうと、人とのコミュニケーションが面倒になり、自分では望んでいないのに引きこもりのような生活スタイルになりやすいので注意しましょう。

もともと子どもっぽいところがあるので、自分のペースを乱されるのは苦手。趣味や好きなものが合う仲間とはそれなりにつき合えても、多くの人とオープンにつき合うのはあまり得意ではないかもしれません。

また、がんばって人間関係を広げようとすると、かえって周囲とかみ合わず変な目立ち方をしてしまうこともありそうです。その独特な感性や力量を認めてくれている人は近くにいます。まわりを見渡してみるとよき理解者を見つけることができるので、まずはそこから少しずつ関係を築いていきましょう。

あなたのよさをもっとわかってもらうには、バランスのとれた言動が大事。興味のある対象だけにのめり込むのではなく、少し引いて全体を見渡して状況判断するように心がけましょう。すると、自分の役割を把握することができ、人間的にも成長できるでしょう。

恋愛に関して

一番の関心事は自分の趣味なので、正直なところ恋愛に対する興味は低めかも。しかし、一度ハマると、とことん突きつめなければ気がすまない性格は恋愛でも同じ。好きになった相手には、熱心にメールを送ったり話しかけたりしてアプローチします。趣味の世界から恋愛へのシフトチェンジは、突然起こります。ある日「この人のことが好きかも！」と思い、すぐにアタックするのがあなたのパターン。

選ぶ相手にあなたなりのこだわりはあるのですが、あるときは「手がきれいだったから」好きになり、また別のときは「笑顔が素敵だったから」ひかれたという具合。そのときそのときでツボが違うため、まわりから見ると好みが理解できない面もありそうです。子どものようにその瞬間の気分や感覚で動いているので、たとえ失恋してもあまり引きずる

◇ LUCKY ◇

(ラッキーナンバー) **21**

常に前進していくバイタリティーをくれる「21」。この数字の後押しがあれば、能力をアクティブに表現できるようになります。趣味の世界だけにとどまっていたあなたの実力を自分から外に向けて発信し、いろいろなところで発揮できるようになるでしょう。

スピード感をもってバリバリ仕事をこなしていくパワーが出るので、ここぞというときにチャンスを逃すこともありません。

テレビのリモコンの裏に「21」と書いた紙を貼りましょう。チャンネルを変えるたびにパワーが発信され、前向きなエネルギーを受けとれます。

(ラッキープレイス) **海**

美しいブルーの海へGo！　浜辺でダイナミックな波を見ていると、秘めていたエネルギーがふつふつとわき、やる気がアップ。

ことはなく切り替えは早いほう。しばらくすると、また違う対象を見つけられるでしょう。

　あなたには、何よりも大事な趣味を理解してくれる人がベストマッチ。やりたいことをジャマしたり、我慢させられたりする人とつき合うのは不幸のもとです。同じ趣味の人を見つけられたら、2人で存分にひとつの世界を楽しめて、お互いに刺激し合える関係が築けるでしょう。

健康に関して

● ねんざやひざの痛みなど足まわりのトラブルに注意。
● 和食メインの消化のいい食生活を心がけて。

ラッキーカラー　　オレンジ ／ ターコイズブルー

　太陽のように明るいオレンジは、少し消極的なところがあるあなたにほがらかさと親しみやすさを与えてくれます。人とカフェなどで会うときにはオレンジジュースを注文するとコミュニケーションがスムーズになり、自然な笑顔になれるでしょう。楽天的で前向きな気持ちにしてくれるので、いつも身につけていたい色です。
　ターコイズブルーは視野を広げ、新しい分野への好奇心をわかせる力を持っています。また、物事をスピーディーに進め、人生に新しい流れを引き起こす力も。自分の世界に引きこもりたくなったら、この色を思い出してください。ポジティブな出来事を引き寄せるオレンジと、動きのある日常をつくるターコイズブルーが、新たな可能性を開いてくれるでしょう。

ラッキーアイテム　　イルカやゾウの　イラスト入りマグカップ

　安定感のある動物たちが落ち着きをもたらし、運の好不調を調整してくれます。どっしりとした重みのあるカップならさらにOK。

向いている職業

漫画家 ／ アニメクリエイター ／ トリマー ／ 陶芸家 ／ 園芸家

あなたのマニアックな気質やオタク的な感性は、今の時代に求められているもの。子どものような感性と、その誰にも負けない集中力があれば、漫画家やアニメクリエイターとして新しい世界観を築き、まわりを驚かせることも可能です。

自分の世界にこもって熱心に仕事にとり組めるので、動物との1対1の関係が大切になるトリマーや、土との対話を求められる陶芸家や園芸家も、あなたにはおすすめです。集中しながら自分の価値観を表現できるので、あなたらしさを存分に生かせるでしょう。

仕事上で気をつけるべきことは、自分の世界に引きこもりすぎないようにすること。人とのコミュニケーションを常にとりながら自分をわかってもらう努力をすることが、実力を認めてもらうためには重要なポイントになってきます。

12 日生まれの有名人

★村上春樹（作家）
★中谷美紀（俳優）
★田中美保（モデル）
★イモトアヤコ（タレント）
★榮倉奈々（俳優）
★田中康夫（作家）
★奥田民生（歌手）
★松井秀喜（元メジャーリーガー）
★中村玉緒（俳優）
★イ・ビョンホン（俳優）
★麻木久仁子（タレント）
★瀬戸朝香（俳優）
★加藤あい（俳優）
★貫地谷しほり（俳優）
★広瀬香美（歌手）
★釈由美子（タレント）
★吉岡秀隆（俳優）
★真田広之（俳優）

★鹿賀丈史（俳優）
★西村まさ彦（俳優）
★ユースケ・サンタマリア（タレント）
★大久保佳代子 [オアシズ]（お笑い芸人）
★勝俣州和（タレント）
★東幹久（俳優）
★ともさかりえ（俳優）
★平愛梨（タレント）
★高田延彦（元プロレスラー）
★ダイアモンド☆ユカイ（ミュージシャン）
★橋本愛（俳優）
★川栄李奈（俳優）
★百田夏菜子 [ももいろクローバーZ]（タレント）
★森永卓郎（経済アナリスト）
★長友佑都（プロサッカー選手）
★松本まりか（俳優）
★井上雄彦（漫画家）

サポートしてくれる人と
タイミングが合わない人

12日生まれをサポートしてくれる人

 3日 GOOD **25**日
生まれ 生まれ

お互いに天真爛漫な子どものような部分があるので話が合います。変に気をつかったりせずに、ありのままでつき合える貴重な相手です。趣味の話を始めると2人とも止まらず、あっという間に時間が過ぎるでしょう。

あたたかなまなざしで、いつも優しくあなたを見守ってくれる存在です。面倒見がよく、なんでも話を聞いてくれるだけでなく、ときには厳しくしかってくれることも。安心して甘えることのできる相手です。

12日生まれとタイミングが合わない人

タフでエネルギッシュ、まっすぐ前だけを見て突き進む人。そのスピード感についていくのは厳しそう。また、超リアリストなので、あなたとはまったく違う世界観を持っているのだと思っておいたほうがいいでしょう。

なんでもテキパキこなす実務家の10日生まれは、仕事もできるけれどグチもたっぷりいう性格。じっくりマイペースにとり組みたいあなたにとっては、少々ウザい存在です。相手もあなたのよさを理解できないかも。

13日生まれ

ピラミッド型

全体運

　よく笑い、にぎやかな人。また、おしゃべりが上手で華やかな存在感があり、自分では意識していないのになぜか目立ちます。どこでも人気者で、あなたが部屋に入ると場が華やぐはず。生まれ持ったスター性があなたを輝かせ、まわりを明るく照らすのです。

　元気いっぱいに飛び回るあなたは趣味が多く、冒険心も好奇心も人一倍。いつもパワフルに動いて、フットワークが軽く毎日を楽しんでいるはずです。また、常に自然体で、初めての場面や場所でも臆することがありません。**やりたいことを自由にやるのびやかな性格は、みんなから好かれ、信頼されている**でしょう。ときには、その大胆さが裏目に出て失敗することもありますが、あまりめげないのがあなたのいいところ。失敗を生かして次のステップへとつなげ、再び前進していける人です。

　理論的に考えたり先を見通して動いたりするのは、どちらかというと苦手かも。持ち前の感覚やインスピレーションが、あなたの原動力となるようです。**純粋な好奇心に従ってまず行動し、経験のひとつひとつを確実に自分のものにして積み上げていくタイプ**といえるでしょう。

　一度決めたら徹底的に追求し、どんな出来事もプラスにできるので、気がついたら大きな目標を達成できているはずです。

　イヤなことがあったり、人から批判されたりしても、ふてくされることなく気持ちを切り替えられるあなた。チャレンジ精神と大胆な行動力を生かせば、飛躍は保証されています。実力にもチャンスをつかむ運にも恵まれたあなたは、確実に夢を実現するキップを手にしているといえるでしょう。

◉見守り梵字

注意すべきこと

「これで行く！」と一度決めたら、誰がなんといおうとそうしたいあなた。思いついたら即行動するので、まわりは心配しながら見守るしかありません。ときには、目標を達成しようとするあまりに薄い氷の上を歩いているのに気づかず、氷が割れて冷たい池にザブンということも。

ポジティブなので「あはは、落ちちゃった」と笑ってすませ、また歩き始めるのですが、3回目はさすがに気づくものの、2度同じ失敗をしてしまうことがあるかも。また、意固地になってしまい、せっかくまわりが助言しているのにムダになってしまいがち。

そんなやり方でも、自信も実力も十分にあるあなたなら、着実に学習し成長することはできます。でも、周囲はハラハラドキドキさせられっぱなし。「危なっかしいな」「相談してくれればサポートできるのにな」と思って見ています。中には、ひとりでマイウェイを突き進むあなたを見て、寂しい思いをしている人もいるかもしれませんよ。**たまには弱音を吐いたりアドバイスを求めると、相手だけでなくあなた自身もホッとできるはず**です。

これからのあなたに必要なのは、「人の意見を聞く度量の広さ」と「状況を見極める慎重さ」です。少しでも早く目標を達成したいなら、この2つを肝に銘じて行動しましょう。あなたの大胆不敵な行動力に2つの資質が加わったら鬼に金棒です。

恋愛に関して

普通にしていても、基本的にモテるあなた。恋愛面でもラッキーな運に恵まれているようです。どんな集団にいても人目を引くので、知らない人に突然告白されることもしょっちゅうあるはず。正直な話、恋の相手に不自由したことはないのでは？ また、自分が好きになった相手とうまくいくケースも、これまで多かったのではないでしょうか。

あなた自身は好き嫌いがはっきりしていて、どちらかというと外見重視のところがありそうです。相手もあなたのことを憎からず思っている確率が高いので、**好きになったらウジウジせずに、さっさと告白したほうが早く幸せになれるでしょう。**陰で支えてくれるタイプもいいのですが、長続きするのは、あなたと同じようにスター性があり華やかなタイプ。お互いに目標を持ち、助け合いながら一歩一歩進んでいけるような

◇ LUCKY ◇

ラッキーナンバー 7

魅力的な個性を、さらに引き立ててくれるのが「7」のパワーです。ストレートなエネルギーを発信し、目標を一点に定める働きも持っているので、普段は好奇心が旺盛すぎて、注意散漫な部分があるあなたの集中力を高めます。また、なんでも器用にできるせいで、かえって個性が失われがちですが、「7」のエネルギーが加わると、独自のオリジナリティーが発揮できるようになります。

星印のシールを7つ、スケジュール帳や携帯に貼りましょう。ゴールドやブルーのキラキラペンで星を描いてもいいですよ。

ラッキープレイス お城 ／ タワー ／ ピラミッド ／ プラネタリウム

お城やピラミッドなどが達成する力とひらめきを与えます。プラネタリウムでは、自分の輝きを強化できます。

関係を目指すといいでしょう。誰も壊せない強いパートナーシップが2人の夢の実現を早めてくれるはずです。

　注意点は相手の外見だけに目を奪われてしまわないこと。つき合う前に、人柄もよく吟味しておきましょう。

健康に関して

● 胃の疲れや胃もたれに注意して。
● 爪や指先のケアをこまめにすると吉。

ラッキーカラー　　ゴールド ／ ブルー

　ゴールドは、成功に向かって現実的に成果を積み上げていくときに役立つ色。確実に目標へと近づける力を与えてくれます。また、あなたの個性とリンクする色なので存在感をいっそう輝かせ、きわ立たせてくれます。大きな夢をつかむためにも、日常的にそばに置いておきたい色です。

　少しおっちょこちょいで注意力不足な部分は、ブルーで上手にカバーしましょう。ブルーの影響下にあると、どんなことでも冷静に対処できるようになるので、危なげのない行動がとれるようになります。慎重な判断を求められるときや何かを決断しなければいけないときには、ブルーを意識してみるといいでしょう。

ラッキーアイテム　　星や夜空の柄の小物

　キラキラした星のエネルギーが加わり、よりパワーアップできます。カラフルな小物もGood！

向いている職業

歌手 ／ タレント ／ バスガイド ／ 弁護士 ／ 華道家

　あなたの群を抜いたスター性を生かせば、歌手やタレントなど、誰もが憧れるような華やかな仕事で活躍することも夢ではありません。人前に出てしゃべる仕事、人の視線を集める仕事をすると、どんな分野でも輝けます。

　バスガイドや弁護士も人の前で話す仕事なので、話術の巧みさが生かせるでしょう。特に、緻密な論理を組み立てて人を説得する弁護士はあなた向き。ひとつひとつのパーツをきっちり積み上げ結果を出す能力を使って、納得できる仕事ができるはずです。

　華やかでありながら1本ずつ花を生けて作品を仕上げていく華道家も、物事を着実に積み上げる才能を使える分野なので、みんなの称賛を浴びる作品がつくれそう。

　自分がどんどん前に出ていくことで注目を集め、多くの人から期待されます。気おくれせず、前へ前へと出ていきましょう。

13日生まれの有名人

★大島美幸［森三中］（お笑い芸人）
★出川哲朗（お笑い芸人）
★南原清隆［ウッチャンナンチャン］（お笑い芸人）
★吉永小百合（俳優）
★木村拓哉（俳優）
★田中義剛（タレント）
★今田耕司（お笑い芸人）
★太田光［爆笑問題］（お笑い芸人）
★北斗晶（タレント）
★遠藤章造［ココリコ］（お笑い芸人）
★林家パー子（タレント）
★高橋ジョージ（歌手）
★松坂大輔（元メジャーリーガー）
★鈴木えみ（モデル）
★益若つばさ（モデル）
★倖田來未（歌手）
★井筒和幸（映画監督）
★織田裕二（俳優）

★妻夫木聡（俳優）
★永山瑛太（俳優）
★横峯さくら（プロゴルファー）
★篠原涼子（俳優）
★松嶋菜々子（俳優）
★生瀬勝久（俳優）
★三浦りさ子（モデル）
★Chara（歌手）
★鈴木紗理奈（タレント）
★hide［X JAPAN］（ミュージシャン）
★井戸田潤［スピードワゴン］（お笑い芸人）
★本田圭佑（プロサッカー選手）
★有村架純（俳優）
★上沼恵美子（タレント）
★コロッケ（タレント）
★小渕健太郎［コブクロ］（ミュージシャン）
★せいや［霜降り明星］（お笑い芸人）
★のん（俳優）

サポートしてくれる人と
タイミングが合わない人

13日生まれをサポートしてくれる人

16日
生まれ

GOOD

27日
生まれ

父親のような懐の深さと厳しさをあわせ持った人。あなたのやりたいことを常に見守り、応援してくれるでしょう。折に触れて適切なアドバイスや助言を与えてくれるありがたい存在です。

クリアな判断力で物事の余計な部分をばっさり切り落とし、シンプルにしてくれます。好奇心のままに寄り道したくなるあなたを上手に軌道修正してくれるので、目標達成の手助けとなるでしょう。自分に迷いがなく、いつでも気持ちよく話せる人です。

13日生まれとタイミングが合わない人

12日
生まれ

?

21日
生まれ

興味のある対象が限られているので、好奇心が強いあなたにはもの足りない相手かも。フットワークが重くどちらかというと消極的で、ノリのいいあなたとはテンションが違いすぎます。

仕事もできるし遊び心もある人。共通点は多いのですが、仕事上ではタイミングが合いにくく、お互いのマイナス面を補い、助け合って何かを成し遂げたりするには不向きな存在。相手はあなたをあまり評価していないかも。

14日生まれ

コミュニケーター型

全体運

　　社交家で友人関係に恵まれ、顔の広さを誇るあなた。明るく話し上手なので、おもしろい話をしていつも人を楽しませています。あなた自身も、人に囲まれて盛り上がっているときが一番楽しいはず。仲間とワイワイやるためなら労力を惜しまないため、進んで幹事役を引き受けることも多いでしょう。飲み会や合コンの誘いは真っ先にOKの返事を出すタイプで、人と人をつなぐのも得意中の得意。**人間関係に比重を置いているといってもいいあなたの人脈には、すばらしいものがあるでしょう。**

　　人気運、対人運は飛び抜けていますが、お金の運はイマイチ。第一の原因は、財布の中身を考えずに人づき合いを優先させてしまうところにあります。財布の中身が寂しくても、友達から誘いがあったら「行く行く！」と即答していませんか？　その場が楽しく過ごせたら気が大きくなり、後先考えずに「もう一軒」ということも多そう。さらには「今日は、気分がいいからおごるよ」ということも……。

　　コミュニケーション能力は高く、自己アピールも上手なのに、残念ながらお金の管理能力は平均以下。お金をもうけたり収支バランスを考えたりすることは大の苦手なので、気がつくと今月も赤字だったということになっているかも。

　　その裏には、**「今が楽しければ、お金は二の次でいい」**というあなたの気質がありそう。江戸っ子のようなきっぷのよさが人気にもつながっているのですが、将来的には不安が残ります。もともと申し分のない能力と魅力を持っているのですから、一度ゆっくり将来を見据えて人生計

◉見守り梵字

画を練り直し、安泰な未来をがっちりつかみましょう。

注意すべきこと

　人並みに生活力もあり、また幸運に恵まれるチャンスもあるのに、なぜか心から人生を楽しめず、悪いほうに考える傾向があるかも。コップに水が半分入っていたら、「あと半分しかない」と考えてしまうタイプです。あなたは決して不運なほうではありませんよ。頭も切れるし機転もきくので、自信を持ちましょう。**ネガティブ思考が浮かんだとき、いかに気持ちを前向きに切り替えられるかが、運を好転させるためのキーポイント**です。

　あなたの心配性な部分は、別の面から見れば自分を守る慎重さにもつながっているのですが、なぜか金銭面にだけはゆるいところが……。人づき合いのために散財をしてしまうだけでなく、気軽にお金を貸してトラブルになることもありそう。どんなに親しい間柄でも、お金の貸し借りはトラブルのもとになるだけと心しておきましょう。

　「いつも金欠状態」から抜け出すための秘策は、必要以上に財布にお金を入れないこと。財布にあるだけ使ってしまうので、持ち歩かなければいいのです。飲み会に行くときはあらかじめ予算を決めるようにすると、金銭感覚も次第に身につくでしょう。

　また、けっこう気短なところがあり、なんでも急いでやってしまうので、ものを壊したりぶつけたりすることが多そう。エレガントな身のこなしを心がけましょう。

恋愛に関して

人が大好きなので、どちらかというとほれっぽいタイプ。特に、誰かからいい寄られると喜んでもらおうとして、好きでもないのに「YES」といってしまうことがありそうです。

　また、相手に貢ぐ傾向があり、好きな人に振り向いてもらうためにはお金に糸目をつけずプレゼント攻勢をかけることも。デートのときも湯水のごとくお金を使ってしまうので、いつの間にか相手はあなたの財布に甘えっぱなし。気がついたら、あなたはすっからかんに、パートナーは堕落していたということになりかねません。

　面倒を見られるより、見てあげたいタイプなので、ちょっと頼りない人にひかれるパターンが多いのですが、**いい恋愛をするためには、財力も地位もある少し無理めの相手を選びましょう**。向上心に火がつき、

◇ LUCKY ◇

ラッキーナンバー **24**

　金運を上げるのにナンバーワンのパワーを発揮するのが「24」という数字です。無から有を生む数字なので、思わぬお金が入ってきたり宝くじが当たる幸運にも恵まれやすくなります。また、今まで出ていくばかりだったお金の流れが変わり、あなたのところに長くとどまる効果も。どんなに金運がなくても必ずフォローしてくれる心強い数字です。

　「24」と書いた紙を財布やカード入れに入れましょう。お金の出し入れをするたびにあなたの目にとまり、意識づけになるでしょう。金運を呼ぶ金色の紙に書くと、なおよいでしょう。

ラッキープレイス **フルーツパーラー ／ 果樹園**

　たわわに実った果物は金運アップの効果抜群。フルーツパフェを食べたりフルーツ狩りに行ったりと果物ざんまいで、散財した分をとり戻して。

「この人とつり合う人間になろう」とがんばれるので、人間的に大きく成長できます。また、経済的にも精神的にも自立した相手なら、かまいすぎたり貢いだりして共倒れになる心配もありません。

　金銭トラブルでダメになるケースも多いので用心して。恋を長続きさせたいと思ったら、恋愛相手とのお金の貸し借りはタブーですよ。

健康に関して

● 神経性の胃炎に注意。ストレス因子を遠ざけて。
● のどの不調は見過ごさず、うがいなどの予防対策を。

ラッキーカラー　　　ブルー ／ オレンジ

　ブルーは浮き足立ってしまうあなたに、冷静沈着な落ち着きをとり戻させてくれます。つい財布のひもがゆるんでしまいそうなときは、ブルーを見て気持ちを引きしめて。ハッとわれに返り、平常心に戻ることができます。ブルーを活用してお金の使い方にメリハリをつけることを覚えると、貯金も徐々に増えていくでしょう。

　陽気なオレンジは、人好きのするあなたそのもの。ポジティブな気分にしてくれる色なので、マイナス思考になりやすいときには、オレンジでテンションを上げてプラス思考に変換しましょう。あなたの親しみやすさをよりアピールしたいときも、オレンジは大いに使えます。自分らしさを発揮して輝きたいときにポイント使いするといいでしょう。

ラッキーアイテム　　リボンモチーフの
　　　　　　　　　　　ブレスレット

　幸運を結んで離さないリボンのモチーフ。ブレスレットならいつでも目にとまります。おすすめは金運を呼ぶゴールドのブレスレット。

| 向いている職業 | リポーター ／ 販売員 ／
古着屋 ／ バイヤー ／ トリマー |

　高いコミュニケーション能力を持つあなたの資質を生かすなら、人と接する仕事がいいでしょう。

　なかでも、物事をイキイキと伝えたり、相手の心に入り込んで深い部分を引き出したりするリポーターは、あなたの話術と人柄を生かせます。相手のニーズに合わせた対応ができるので、販売員として業績を上げるのも得意。営業トークがすらすらと口から飛び出し、楽しく仕事ができるでしょう。

　また、古くて価値のあるものを探し出す特別な才能を持っているので、古着屋やバイヤーとして活躍できます。人が気づかないところに目をつけ、新たな価値を与えて利益を生み出せるでしょう。動物との相性がよく、物事を調整することが得意なので、トリマーもOK。

　人づき合いにお金を使ってしまうので、その分「稼ごう」という気持ちが強いのも14日生まれの特徴です。

14 日生まれの有名人

★三島由紀夫（作家）
★山崎弘也［アンタッチャブル］（お笑い芸人）
★北川悠仁［ゆず］（ミュージシャン）
★平子理沙（モデル）
★今井美樹（歌手）
★工藤静香（歌手）
★日村勇紀［バナナマン］（お笑い芸人）
★桂歌丸（落語家）
★鈴木保奈美（俳優）
★矢沢永吉（歌手）
★安達祐実（俳優）
★上戸彩（俳優）
★永作博美（俳優）
★堺雅人（俳優）
★山里亮太［南海キャンディーズ］（お笑い芸人）
★岩沢厚治［ゆず］（ミュージシャン）
★椎名桔平（俳優）
★石田純一（タレント）

★山口智充（お笑い芸人）
★勝間和代（経済評論家）
★豊田エリー（タレント）
★玉木宏（俳優）
★小泉進次郎（政治家）
★杏（俳優）
★大塚寧々（俳優）
★水谷豊（俳優）
★中村獅童（歌舞伎役者）
★中野美奈子（アナウンサー）
★高畑充希（俳優）
★五木ひろし（歌手）
★ヒロシ（お笑い芸人）
★黒木華（俳優）
★藤井風（歌手）
★ドナルド・トランプ（政治家・実業家）
★中川大志（俳優）
★清野菜名（俳優）

サポートしてくれる人と
タイミングが合わない人

14日生まれをサポートしてくれる人

1日
生まれ

15日
生まれ

目標に向かってまっしぐらに突進する力強さがある人。有無をいわせずあなたを引っぱってくれます。1日生まれと一緒にいるとあなたの潜在能力がいかんなく発揮され、いい方向へ進んでいけるでしょう。

生まれながらの優しさとカンのよさがあり、誰からも愛される存在。お金にも強いので、公私ともによきパートナーになりそう。しっかり者で面倒見がよく、注意が必要な部分をさりげなくフォローしてくれます。

14日生まれとタイミングが合わない人

5日
生まれ

?

14日
生まれ

お互いに話が大好きなので、一見うまくいくように見える関係。ところが、あなたといると5日生まれはもっぱら聞き役に徹するため、一方的なコミュニケーションに終わりそう。たくさん話しても、なぜかムダな時間になっていることが……。

話を聞いてほしい者同士なのでずっとしゃべっているのですが、会話はちぐはぐ。2人とも金銭感覚がないので金運も下がりっぱなしで、お金は際限なく出ていきます。行動をともにするのはお互いのために避けたほうがいいでしょう。

15日生まれ

シャーマン型

全体運

あなたは、とびきりのカンのよさと運の強さを持っている人。とりたてて特別なことをしているわけではないのになぜかチャンスに恵まれることが多く、臨時収入があったり、憧れのポストに大抜擢されたり、欲しいものをプレゼントされたり……。「こうなるといいな」となんとなく思っていると、実際にそのようになることも多いはずです。

生まれながらのラッキー体質を持ったあなたは、人柄も魅力的。家族思いで誰にでも優しいので、老若男女から好かれます。特に年上の人からの引き立てが強く、上司や先生から特別に目をかけてもらえる存在。印象がソフトで人当たりがいいので敵をつくらず、人間関係も順風満帆。仕事運、金運ともに上々で、お金をつかむ力もばっちりです。

その幸運を引き寄せているのは、損得勘定のない素直な気持ちです。**見返りを求めない優しさが、期せずして幸運な出来事を呼び寄せている**のです。これまで通り、仲間や友人、知人、家族に対して無償の気持ちで接することを心がけましょう。

また、たぐいまれな直感も、ラッキーな出来事を引き起こす強力なツールです。その力をフルに生かして、インスピレーションや本能の声に従って行動していってください。

あなたの優しさは、くんでもくんでもつきない泉のようなもの。どんなに分け与えても枯れることがありません。自然体で相手を思いやり、一緒になって楽しんだり喜んだりすることで、たとえトラブルに巻き込

◉見守り梵字

まれたり、失敗したとしても大丈夫。すべては結果的にいい方向へとつながっていくでしょう。

注意すべきこと

申し分のない強運を台なしにするもの、それは「打算」です。自分にとって損か得かを計算し始めたとたん、運気は衰えるものと覚悟しておきましょう。

たとえば人と会うとき、純粋に「その人と会いたいかどうか」で決めるのではなく、「この人と会うことが自分にとってプラスになるかどうか」で判断しているようだったら注意信号。欲を出して損得勘定で動き始めると、見事に失敗が続いたり、思うようにことが運ばなかったりするはずです。

また、普段は人から愛される優しさや気配りも、そこに打算がまじったとたん、いやみなものになってしまいます。八方美人と思われ、嫉妬やねたみの対象になりかねないので気をつけましょう。

頭で考えても何ひとついいことはありません。**打算的になったとたんに、あらゆる運がガラガラと落ちていきます。持ち前の直感と本能に従いましょう。**何かをやるときは、「心から」それがしたいかどうかで判断すること。計算ずくで考えたら答えは「NO」でも、あなたが心からやりたいと感じるなら、それは「GO」のサインなのです。自分のカンを信じて、運まかせで肩の力を抜いて進むことが、結果的には最良の未来へとあなたを運ぶ翼になるでしょう。

恋愛に関して

「理想にぴったりの相手なんて、来るわけない」と笑っていても、実は心のどこかで「早く来ないかなあ」と考えているのでは？　おとぎ話のようなことは普通起こりませんが、あなたは特別。本当に理想の相手が来てしまいます。持って生まれた運のよさが、良縁を呼び寄せるのです。

　基本的に誰からも好かれるので告白されることも多いのですが、あなたに想いを打ち明けるのは、あなたと同じように、運にもお金にも恵まれ人生が安定している人。また、年下よりも年上の人からのアプローチが多いでしょう。つり合わない相手との縁は、ほぼないので安心して。

　パートナー選びでもあなたの鋭いカンを働かせれば、まず間違うことはないはず。ただし、相手の条件で選ぶのはNG。好きか嫌いかで、シンプルに判断しましょう。自分が好きになった相手とうまくいきやすい

◇ LUCKY ◇

ラッキーナンバー **32**

　もともとツイているあなたに、さらなるビッグチャンスを運んできてくれる数字が「32」。長年の夢を実現させるまたとない好機や、幸せをつかむための絶好のチャンスをタイミングよく引き起こしてくれる数字です。本来の運をより強化して出会い運も高めてくれるので、さらにステップアップした人生が期待できます。

　携帯電話の待受画面に「32」と表示したり、数字シールを貼ったりしましょう。肌身離さず持ち歩く携帯を通して、強力な運気を受発信できます。

ラッキープレイス **教会**

　聖なるエネルギーが降り注ぐ教会で愛をチャージしましょう。ステンドグラスのきれいな教会や結婚式が行われている教会なら、さらに強力。

のもあなたの恋愛の特徴。片思いの相手とのデートを思い描いて楽しんでいたら、1カ月後にはその条件にぴったりなデートに誘われたということもあるはず。

　自分の希望をスルスルッと実現させられる不思議な力で、赤い糸をたぐり寄せましょう。今好きな人がいない場合は、理想の相手をより具体的に思い浮かべると、思い通りの人が現れる確率が高いですよ。

健康に関して

●おなかを壊しやすいので、食中毒に注意。
●マスクとうがいで、のどからのカゼを撃退して。

ラッキーカラー　　マゼンタ ／ バイオレット

　思いやりにあふれるあなたの特質をそのまま表した色がマゼンタ（明るい赤紫）です。マゼンタが表すのは見返りを求めない慈悲深さ。計算からではなく、心からの純粋な気持ちで行動できるように促してくれます。

　一方、バイオレットは、あなたの直感をよりいっそう研ぎ澄ます力を持っています。バイオレットを使えば自分の心の声をキャッチしやすくなるので、直感に従って物事を決められるようになるでしょう。迷いが出たときや打算的になりそうなときには、バイオレットの助けを借りましょう。

ラッキーアイテム　　大吉のおみくじ

　邪念がなければ、大吉が出やすい体質です。大吉が出たら、お守りのようにいつも持ち歩いて招福パワーを存分に受けとって。

向いている職業

客室乗務員 / 宝石デザイナー / ブライダル関係 / コーチ / 弁護士

　持って生まれたカンと運のよさがある15日生まれは、華やかな業界で活躍できます。誰からも好かれる人当たりのよさを生かして客室乗務員として働いたり、ブライダル業界で人の幸せを演出する仕事につくと、自分も相手もハッピーにできるでしょう。

　また、宝石の持つ特徴を生かしながら、人目を引きつける美しいジュエリーをデザインする才能もあり、あなたの魅力をそのまま映し出したようなクオリティーの高いジュエリーを次々に生み出せます。

　優しい心と面倒見のよさを生かしたコーチや弁護士も向いています。相手の話に丁寧に耳を傾け、クライアントの心に寄り添った仕事ができるので、人気が出るはずです。「15」という数字は、優しさや幸せな家庭を意味します。ですから、家庭を大事にしながら仕事の充実もはかり、バランスのとれた人生を歩んでいけるでしょう。

15 日 生 ま れ の 有 名 人

★石原良純（タレント）
★堀ちえみ（タレント）
★月亭方正（落語家）
★原敬（政治家）
★北乃きい（俳優）
★野口聡一（宇宙飛行士）
★岡田太郎（俳優）
★上原太 [マキシマム ザ ホルモン]（ミュージシャン）
★藤原竜也（俳優）
★南明奈（タレント）
★美村里江（俳優）
★上田桃子（プロゴルファー）
★彦摩呂（タレント）
★アンジェラ・アキ（歌手）
★椿鬼奴（お笑い芸人）
★岡田将生（俳優）
★Bose [スチャダラパー]（ミュージシャン）
★西脇綾香 [Perfume]（ミュージシャン）

★武豊（騎手）
★エマ・ワトソン（俳優）
★永瀬正敏（俳優）
★真木よう子（俳優）
★平井理央（アナウンサー）
★水原希子（モデル）
★柴田英嗣 [アンタッチャブル]（お笑い芸人）
★田原総一朗 [ジャーナリスト]
★斎藤司 [トレンディエンジェル]（お笑い芸人）
★とにかく明るい安村（お笑い芸人）
★黒島結菜（俳優）
★岡田結実（俳優）
★アキラ100%（お笑い芸人）
★ヒコロヒー（お笑い芸人）

サポートしてくれる人と
タイミングが合わない人

15日生まれをサポートしてくれる人

18日
生まれ

GOOD

27日
生まれ

　重心が定まっていてブレないので、いつも安心してつき合える人。打算がまじりそうなときに一緒にいると、本来のあなたをとり戻せるでしょう。カンがいいのでお互いに話が合い、切磋琢磨しながら成長していけます。

　判断力にすぐれ、あなたが迷ったときに明快な答えを出してくれます。ジメッとしたところがなくクールなので、一緒にいて気をつかわない相手。悪意や下心のある人が近寄ってきたときに、防波堤になってあなたを守ってくれる頼りがいのある人です。

15日生まれとタイミングが合わない人

19日
生まれ

?

22日
生まれ

　本人は意識していなくても、人の心をもてあそんだり手玉にとったりしてしまう傾向が。人のいいあなたは、コロッとだまされてしまうことがありそう。運にマイナス影響を与えるので、甘い言葉を信じすぎないようにしましょう。

　努力家ですが短気な面があり、何かとトラブルメーカーになりやすい人。感情表現が激しく、気に入らなければ波風を立てることも平気。あなたがつくり出したいいムードをぶち壊しにすることも多いかも。近寄らないほうが賢明です。

16日生まれ

グレート型

全体運

親分肌で面倒見がよく義理人情に厚いあなたは、みんなから頼りにされ慕われている存在。16日は経営者や店長など人の上に立つポストによく見られる誕生日です。懐が深く落ち着きがあり、**何があってもどっしり構えて対処できるので、どんなところにいてもリーダー的存在**になり人望を集めます。

人柄のあたたかさは誰もが認めるところ。頼まれるとイヤといえず、人が手を出さないようなややこしい問題でも「自分にまかせて」とばかりにかかわって火中の栗をつかむことも。仁義を重んじるので、たとえ負け戦とわかっていても戦うべきときは戦います。

正義感が強く、弱い者いじめやルール違反は大嫌い。迷惑行為を注意するのも迷いません。電車でお年寄りに席を譲らない人や携帯電話で話している人を見かけると、思わずひと言いってしまうかも。特に、あなたのテリトリーや流儀を無視して、何かをしようとする人には手かげんナシで追及します。

その一方、いったん親しくなった人は、どんなことがあっても守り通す強さと優しさを持つあなた。家族や親しい友人が困っているときは、真っ先に駆けつけて手をさしのべます。あなたの底力は、誰かを守らなければいけないというときに一番発揮されるようです。

少しガンコだけれど、大きな器でまわりを包むあなたをひと言で表すなら、みんなを守る「お父さん」的な存在。**古風で確固とした信念を持ち、信頼を集めつつ自分なりの人生を貫き通す**でしょう。

　おしゃれに興味が薄く外見に気をつかわないので、せっかくの素材が生かせないのが少し惜しいところ。ファッションも含めて自分磨きをすると、より存在感が増しますよ。

注意すべきこと

　情が深いのはあなたの美徳ですが、割り切って物事を判断しなければならない場面にも義理人情を持ち込んでしまうのは控えたほうがいいでしょう。

　理性そっちのけで情けをかけたばかりに、恩を仇で返されたりだまし討ちにあったりして、痛い目にあうこともありそうです。**情に流されるのではなく、冷静に事態を見極め、必要に応じてビジネスライクに割り切ることも大切**です。

　親しい人間には惜しみない気持ちを注ぐあなた。しかし、その気持ちが強いだけに一度「ダメだ」と判断した人に対しては、手のひらを返したように冷たくなってしまいます。好き嫌いがはっきりしているうえに、生まじめで融通のきかない面があり、一度地雷を踏んでしまった人は許せないと感じてしまうようです。

　マイルールにこだわって意固地になってしまうのは、自分から世界を狭めているようなもの。一度は切った人にも、もう一度チャンスを与えるくらいの度量の広さがあると、よりいっそう魅力的な人になれますよ。「人間って、そういうところもあるよね」と、しなやかに考えられるようになれれば、何よりあなた自身がもっとラクになるでしょう。

恋愛に関して

本来は魅力的なのに、おしゃれや流行に関心がなく、髪はボサボサ、時代遅れの服でもへっちゃらという人が多い16日生まれ。奥手で、合コンに出かけたり自分からメールをしてラブハントすることは、ほぼないといっていいかも。外見だけでひと目ぼれということも、ほとんどありません。

恋人に頼らず自分のことは自分で決めて、しっかり自立しようという気概を持っているあなた。「男前」な性格なので、年下からとてもモテます。しかし恋愛リテラシーが低く、好きな相手にも「黙ってついてきて」とばかりに、ぶっきらぼうな対応をしてしまいがちかも。

恋の始まりは、身近にいる人の相談に乗るうちに告白されたり、面倒を見てあげるうちにいつの間にか恋愛に発展するパターンが多いでしょう。**友達以上恋人未満の人が、気がついたら恋人に昇格というケース**

◇ LUCKY ◇

ラッキーナンバー　13

明るくはずむようなエネルギーを持った「13」を活用すると、自然な笑顔や柔軟さが生まれます。陽気で楽しい雰囲気が出てくるので、気分が落ちたときは積極的にとり入れたい数字です。また、会話力やコミュニケーション能力を高める力があり、人をまとめていくときに手助けしてくれます。

名刺入れやメガネケースなどに、「13」の数字シールを。財布や定期入れに「13」と書いた紙を入れるのも効果があります。出かける前は、鏡に向かって笑顔をつくると、自然な笑みが普段から出るようになり、対人運がよくなりますよ。

ラッキープレイス　動物園／
史跡（城跡や石碑などがあるところ）

一日のんびり過ごすと気持ちがなごみ、穏やかさが生まれ、対人運に効果が。動物の親子を見てほっこりして。

が、あなたにとっては**自然な流れ**かもしれません。

　一度つき合い始めたら、その人ひと筋で浮気など考えられないタイプなので、いい信頼関係が築けるでしょう。ただし、携帯を黙って見られたり二股をかけられていることが発覚したりしたら大変。その場で相手をばっさり切ってしまうので、後悔しないよう冷静に対処しましょう。

健康に関して

●カロリーの高い外食は控えて健康管理を。
●うがい・手洗いの徹底で、カゼを防止して。

ラッキーカラー　　ターコイズブルー ／ オレンジ

　スムーズな流れをつくり出すターコイズブルーは、こだわりやルールの多いあなたに自由で柔軟な発想を与えてくれます。ターコイズブルーを身近にとり入れると、感情的なわだかまりを持つことが少なくなり、少々のことならサラッと流していけるようになるでしょう。

　オレンジは、対人関係でのトラブルを防ぎ、人気運をアップさせてくれる色です。気持ちをほがらかにし、楽しく毎日が過ごせるようになります。ただし、食欲を増進させる働きがあるため、洋服やリネン類など面積が多いものをオレンジにするのは危険。太りやすくやせにくい体質になってしまいます。とり入れるなら差し色的にポイントづかいを。

ラッキーアイテム　　トートバッグ

　しっかりしたつくりのトートバッグで守りのパワーを強化。丸みのあるデザインがエネルギーのバランスをとってくれます。

| 向いている職業 | シェフ ／ パイロット ／ 訓練士（動物）／ 巫女 ／ ピアニスト |

あたたかい人柄で多くの人から信頼されるあなたは、人をまとめるポストをまかされたり、プロジェクトのリーダーになることが多そう。また、独立して会社やお店を始める場合も少なくないでしょう。

人を動かし「料理」という作品をとり仕切るシェフや、命に対して責任を負うパイロットは、常に冷静沈着で責任感が強いあなたなら、しっかりこなせるはず。さらに、根気強く動物と向き合って、一から能力を開発していく訓練士も適職です。「16」という数は、神仏とのかかわりがとても強い数字なので、女性であれば巫女になり神に仕える仕事も向きます。

また、16日生まれはピアノの才能に恵まれた人が多いので、鍛錬すればピアニストになれる可能性も。

人間的な器が大きく懐が深いので、どんな場所にいても頼られます。信頼できるリーダーとして仕事上でも大きな成果が残せる人です。

16日生まれの有名人

★高倉健（俳優）
★オダギリジョー（俳優）
★香椎由宇（俳優）
★髙橋大輔（フィギュアケート選手）
★徳井義実［チュートリアル］（お笑い芸人）
★菅原文太（俳優）
★マドンナ（歌手）
★小木博明［おぎやはぎ］（お笑い芸人）
★ダルビッシュ有（メジャーリーガー）
★宮川大輔（お笑い芸人）
★内田有紀（俳優）
★谷原秀人（プロゴルファー）
★西山茉希（モデル）
★松山千春（歌手）
★細川茂樹（俳優）
★辺見えみり（タレント）
★オール巨人［オール阪神・巨人］（お笑い芸人）
★山下真司（俳優）

★相川七瀬（歌手）
★大倉忠義［関ジャニ∞］（タレント）
★小島よしお（お笑い芸人）
★池井戸潤（作家）
★桐谷美玲（俳優）
★ダレノガレ明美（モデル）
★チャールズ・チャップリン（俳優）
★松岡茉優（俳優）
★池田エライザ（俳優）
★横浜流星（俳優）
★大坂なおみ（プロテニス選手）
★LiLiCo（映画コメンテーター）
★シュウペイ［ぺこぱ］（お笑い芸人）

サポートしてくれる人と
タイミングが合わない人

16日生まれをサポートしてくれる人

15日
生まれ

GOOD

23日
生まれ

愛嬌があり、誰からも好かれる優しい人。つい守ってあげたくなるかわいらしさを持っています。いつもは少し怖いところがあるあなたも、15日生まれと話していると心がほのぼのとしてホッとするはずです。

独自の道を行く才能豊かな人。話題が豊富であなたを飽きさせません。柔軟な発想力があり頭の回転も速いので、一緒にいるとあなたの優しい面やおもしろい面を引き出し、まわりに伝える役割をしてくれます。

16日生まれとタイミングが合わない人

8日
生まれ

?

17日
生まれ

まじめで誠実な人柄はあなたと共通しています。穏やかな性格ですが、人づき合いが上手なほうではないので、理解し合うまで時間がかかるかも。お互い融通がきかないところがあるので、いったん行き違いが生じると関係がこじれそうです。

決めたことは最後までやり通す意志の強さがある人。まわりの意見より自分の意見が重要というタイプなので、同じように意志の強いあなたとはぶつかりやすいでしょう。お互い決して譲らないので、ボタンをかけ違えると大変なことに。

17日生まれ

ストロンガー型

全体運

どこにいても注目を集める華やかな存在感があります。タレント性抜群なので、文化祭や学園祭ではスター的な活躍をしてきたのではないでしょうか。**スタイルがよく運動もできて恵まれたルックスを持つあなたを、憧れの存在として遠くから見ている人も多いはず**です。

強靭な体力と高い身体能力に加えて、スター性や目標達成能力があるのでスポーツ選手も多い17日生まれ。一度やると決めたら、迷うことなく必ず最後までやり遂げる、有言実行の典型のような人です。目標に向かってアグレッシブに突き進む行動力はナンバーワン。誰もあなたにかなわないでしょう。人から「がんばれ」といわれるまでもなく、いったんゴールを定めたら誰よりもがんばり、誰よりも確実にゴールに到達できます。

目的を達成するためには努力を努力と感じず、能力を最大限に使いきり、脇目もふらず前進できるのがあなたの強みです。自分の決めたことはやり通さないと気がすまないので、人の顔色をうかがってウジウジするなんて考えられません。敵をつくろうが批判されようが、自分の道を突き進み意志を貫きます。

しかし、だからといって決して孤立しないのが、あなたの人徳。みんなとワイワイ楽しむのも大好きだし、人を非難したり干渉することもないので人気があります。

流行にも敏感なので、おしゃれのセンスも高レベル。知識欲もあり前

向きな性格ですから自分磨きも怠りません。与えられた資質を十分に生かしきって、難易度の高い目標をクリアすることができるでしょう。

注意すべきこと

せっかくの行動力も使い道が決まっていなければ、宝の持ちぐされ。日常に流されてぼんやりと毎日を過ごしてしまわないようにしましょう。まず**「目標を定めること」が、運をつかむための大前提**です。

ターゲットに照準を合わせた後は、寄り道なしでエネルギッシュに突進し、目標を達成しますが、それだけに、**どこに目標を決めるかが大切**になってきます。

自分の考えを曲げたくないという思いが強い性格ですから、スイッチが入ってしまったら後戻りは至難のワザ。進むべき道でないことがわかったとしても、引き返したり軌道修正したりするのはむずかしくなるでしょう。目標選びは、慎重に行ってください。

たくさんの人から注目されることが多いため、失敗もクローズアップされがちです。一生懸命やったのに、報われなかったという事態に陥らないように、あらかじめ細心の注意を払っておきましょう。

自分の適性は、他人のほうが案外わかっていることもあるものです。もちろん、最終的にはあなた自身が判断するのですが、判断材料は多いに越したことはありません。信頼できる人にさりげなくリサーチしてみるのもいいでしょう。

恋愛に関して

万年モテ期といってもいいくらいモテモテです。しかし、あなた自身は、ひとりでいてもけっこう平気。その余裕がまたまわりには魅力的に映るようです。ひと目ぼれすることもありますが、ストライクゾーンはかなり狭め。そして、狙った獲物は逃しません。

美意識が高いあなたにとって「並んで歩いて自分とつり合う相手かどうか」は、恋人選びの隠れた重要ポイント。特に、細身の美形に興味が強いよう。望み通りの相手とうまくいくことが多いので、歩くと人が振り返るような美男美女のカップルになることも珍しくないでしょう。

ただし、ルックスは気にしますが、それだけでは決して動きません。会話をして相手のキャラクターを見定めるプロセスは必須。性格や好みをきっちり確かめて、自分の中でOKサインが出た瞬間、直球勝負に出

◇ LUCKY ◇

ラッキーナンバー **15**

意志の強さが裏目に出ると強引な印象を与え、周囲との「あつれき」を生んで反感を買ってしまうことも……。「15」で誰からも好かれる親しみやすさをプラスして、今以上の人気を獲得しましょう。優しさたっぷりの「15」のエネルギーがあると、さりげない気配りができるようになり包容力が出てきます。

名刺入れに、いつも名刺を15枚入れるようにしましょう。初対面の人の心をグッとつかんで、さらにファンを増やせます。また、周囲と衝突せずに目標を達成する処し方も身につくでしょう。

ラッキープレイス **ファッションビル**

流行の最先端を行くおしゃれなショップをめぐると、感性が刺激され、ますますパワフルになれます。行動力と突破力が欲しいときに。

るでしょう。

　相手には癒やしを求めることもありますが、基本的には自分と同じように上を目指していける人でないと長続きすることはないはず。相手が自分を磨くことを怠り始めたとたん、急に心が冷め始めることになりそう。常に高みを目指したいあなたにとっては、ともに目標へと進んでいける相手がベストパートナーとなります。

健康に関して

- ●基礎体力は十分でも、過信は禁物。
- ●スクワットやウォーキングで足腰を強化して。

ラッキーカラー　　バイオレット ／ レッド

　変化にすばやく対応する力をくれるバイオレットは、方向転換が必要な場面で臨機応変に対処できるようにしてくれます。また、インスピレーションがわきやすくなり、煮つまったときにいいひらめきが生まれるでしょう。

　情熱の色、レッドはパワーを与え、ゴールに向かって走るための馬力をアップさせます。ただし、ふんだんにありすぎると、ペース配分を間違えて目的地に着く前に燃えつきてしまうこともありそう。レッドの力を借りるときは、息切れしたときやエネルギー補給をしたいときだけにするほうが無難です。目標が見つからないときにレッドがそばにあると、アドレナリンが増し照準を定めやすくなるでしょう。

ラッキーアイテム　　鏡

　あなたの存在を、さらに光らせる力を持っているので常に持ち歩いて。四角より丸い形がGood。マメに鏡を見て自分の魅力を再認識して。

| 向いている職業 | プロスポーツ選手 ／ ネイリスト ／ モデル ／ エアロビクスインストラクター ／ インテリアデザイナー |

高い運動能力とスター性に恵まれたあなたは、プロスポーツの分野で活躍できる資質が十分。また、モデルなど自分の美しさをアピールできる職種で活躍できます。もともと目立つ存在で美意識も高いので、仕事でもその特性を生かして「見せる」ことを意識すると才能が発揮できそうです。

自分を見せ、身体能力を生かすという意味では、エアロビクスのインストラクターも向いています。

また、自分自身ではなく、作品を見せる仕事も狙い目。爪という小さな世界で美しさを表現するネイリストや、空間をスタイリッシュにデザインするインテリアデザイナーは、まさにあなた向き。

目標を必ず叶えるという気力や体力、集中力があるので、「ちょっと無理かも」と思える目標を設定してみましょう。思わぬ力が出せて、大きく成長できます。

17 日 生 ま れ の 有 名 人

★平井堅（歌手）
★坂本龍一（ミュージシャン）
★吉瀬美智子（俳優）
★パリス・ヒルトン（モデル）
★豊臣秀吉（戦国武将）
★藤森慎吾 [オリエンタルラジオ]（お笑い芸人）
★二宮和也 [嵐]（タレント）
★辻希美（タレント）
★トシ [タカアンドトシ]（お笑い芸人）
★大竹しのぶ（俳優）
★蒼井優（俳優）
★石川遼（プロゴルファー）
★黒沢かずこ [森三中]（お笑い芸人）
★假屋崎省吾（華道家）
★城島茂 [TOKIO]（タレント）
★井ノ原快彦（タレント）
★坂井真紀（俳優）
★赤井英和（俳優）

★金子貴俊（俳優）
★りょう（俳優）
★YUKI（歌手）
★玉森裕太 [Kis-My-Ft2]（タレント）
★甲本ヒロト [ザ・クロマニヨンズ]（ミュージシャン）
★麻生久美子（俳優）
★戸田恵梨香（俳優）
★JIRO [GLAY]（ミュージシャン）
★川村エミコ [たんぽぽ]（お笑い芸人）
★波瑠（俳優）
★松坂桃李（俳優）
★吉村洋文（政治家）
★山寺宏一（声優）
★中村アン（俳優）
★なかやまきんに君（お笑い芸人）
★パックン（タレント）
★高梨臨（俳優）
★山内健司 [かまいたち]（お笑い芸人）

17日生まれをサポートしてくれる人

11日
生まれ

GOOD

24日
生まれ

　人当たりがやわらかく、純真で素直な心の持ち主。知的でありながら妖精のような軽やかさがあり、あなたの感性と合いやすいでしょう。目標に向かって努力を惜しまないところにも共感を覚えてつき合えそう。

　あなたと同じように、強い運と華やかさがある人。何もないところから一定の成果を達成する力があり、いい刺激を与え合えるでしょう。ともに進む仲間として大切にしたい人です。

17日生まれとタイミングが合わない人

19日
生まれ

?

26日
生まれ

　魔性系の魅力を持っているため、うかつにかかわると振り回されてしまうタイプ。夢見がちで危なっかしいだけにかまってあげたくなるかもしれませんが、目的達成のためには遠ざけておいたほうがいい人と心得ましょう。

　気分屋さんで迷いが多く、あなたとは正反対の性格。好意からいろいろとアドバイスしてくれるのですが、どれも気分を乱されるだけでありがた迷惑になりそう。妨害されないうちに、上手にフェードアウトしましょう。

18日生まれ

エリート型

全体運

　大地に太い根を張る大木のような力強さを持った人。どんなアクシデントが起こっても、あわてふためくことなく落ち着いて対処できます。我慢強さも折り紙つき。**つらいことがあっても、じっと辛抱してがんばり抜けるしぶとさと精神力を持っています。**

　あなたを動物にたとえるなら童話の「ウサギとカメ」のカメのよう。かたいガードでしっかり自分を守りつつ、着々と歩みを進めて大きな勝利をつかみます。まじめな人柄に加えて体力も知力も人並み以上にあり、ガッツも申し分ないので、何があっても困難を乗り越え目的地にたどり着けるでしょう。

　物事を客観視できる冷静さとカンのよさをバランスよく備えたあなたは、単なる思いつきでは決して動きません。自分の実力をしっかり見極め、同時にカンを働かせながら、石橋をたたき慎重に渡っていくタイプです。エリート意識が強いせいもあって、自分が納得しないと誰がなんといおうと、うなずかない一面もあります。

　派手なタイプではなくマイペースなので、どちらかというと第一印象では損をしてしまうかも。あなた自身は、人にどう思われようとどこ吹く風。まわりを気にせず自分流でいきますが、我を通しすぎて孤立しないよう気をつけましょう。

　その半面、とても家族思いなところも。家族には惜しみない愛情を注いで、結婚後はあたたかな家庭を築けるでしょう。

　逆境に打ち勝てる粘り強さと根性は、あなたに与えられた贈り物。そ

◉見守り梵字

こに遊び心や人への思いやりが加わると、より大きな果実を実らせることができるでしょう。

注意すべきこと

いい意味でも悪い意味でも、独立独歩。信念が強く自分の実力を知っているので、素直に人のアドバイスを聞けないところがあります。独自のやり方にこだわりすぎて、遠回りしていることもありそう。

また、プライドがジャマして、せっかくの助言にムッとしてしまうことも多いかも。すると、自分の間違いに気づくチャンスを逃し、それまでの努力が水の泡になってしまいますよ。一本気なだけに、世間の動きや自分の評価に対して関心が少し薄いのかもしれません。周囲の空気にちょっと鈍感な部分があるのも気になります。

将来を見据える嗅覚を、人間関係にも使ってみましょう。自分がどう評価されているかや、まわりの人の長所・短所を見ていくと、今までと違った行動ができるようになるでしょう。

地に足がついていて安定感は十分なのですが、その分だけ生まじめでフットワークが重めなところも要チェックです。運の流れは、遊びやゆとりの中から生まれてくるもの。**新しいことにチャレンジしたり、行ったことのない場所に足を運びましょう**。笑顔が多くなり柔軟な姿勢が生まれて、あなたの個性がさらに彩られるでしょう。

恋愛に関して

おかたい性格なので、恋愛に対しても慎重派。じっくり相手を見定め、時間をかけて絆を育んでいくタイプです。18日生まれがひと目ぼれで恋に落ちることはめったにないといっていいでしょう。

恋愛＝結婚と考えるほうなので、**相手選びも「結婚したら家族を大切にしてくれそうか」が重要な要素。**自分の家族を大事にする人、子どもやお年寄りに優しい人は、高ポイントです。

情にほだされてつき合ったり、気づいたらいつの間にかつき合うことになっていたというパターンはほとんどありません。「とにかく、好きだから」と後先考えず突っ走ったり、手を出すとヤケドしそうな危険な相手にかかわったりすることもありません。「この人と一緒になったら幸せになれる」と確信して、初めて行動に移します。

◇ LUCKY ◇

(ラッキーナンバー) 3

おかたい印象がぬぐえないあなたに必要なのは、自然な笑顔や明るさ、若々しさを運んでくれる「3」。この数字の影響を受けると、不思議に暮らしの中でおもしろいことを発見できたり、「ちょっと出かけてみようかな」と思えたりします。「3」は、日常に軽やかで華やかなエネルギーをもたらしてくれる数字なのです。

1日3回、大きな伸びをしてみましょう。疲れたときや、やる気が出ないときにやってみてください。緊張が解けてエネルギーにゆるみが生まれ、新しい風が日常に吹き込んでくるでしょう。

(ラッキープレイス) 図書館／山

静かな図書館では自分らしい落ち着きをとり戻せます。山は見るより登るほうがおすすめ。達成力をより強化できるでしょう。

どちらかというとお見合いや人の紹介で、素性のしっかりした相手とつき合うほうが無難という考え方を持っているのかも。

情緒が安定していて我慢強いので、「メールの返信がないのはなぜ？」とか「恋人と仕事、どっちを選ぶ!?」とつめ寄って相手を困惑させることもない平和な恋愛をするタイプです。

健康に関して

● 腰が弱点。ぎっくり腰にならないよう注意を。
● 散歩や階段の利用で足腰を鍛えて。

ラッキーカラー　　ゴールド ／ ターコイズブルー

ゴールドは、あなたが上を目指すときに大きな力を発揮する色。上昇気流に乗ってグングン頂点へと登りつめる勢いを生みます。高貴さや豊かさを引き寄せ、金運を上げてくれる色です。

遊び心を刺激するターコイズブルーも、新しい次元への流れを生み出す色。フットワークが軽くなり、凝り固まった頭をほぐして発想の転換をはかるのに役立ちます。カンは悪くないのに、うまく生かしきれていない部分を、ターコイズブルーが補ってくれます。キラッと光るアイデアが次々に生まれるでしょう。バッグやアクセサリー、靴などを買うときは、この2色を意識しましょう。

ラッキーアイテム　　ベルト

ゴールドのバックルつきベルトや、太いベルトで腰まわりを強化して、エネルギーアップを。

| 向いている職業 | 家事サービス ／ ベビーシッター ／ 野菜ソムリエ ／ レスキュー隊員 ／ ライター |

　家庭を大事にする18日生まれは、家事も得意中の得意。掃除や洗濯、料理などをテキパキとこなせるので、家事サービスやベビーシッターなどに楽しくとり組めて、腕を発揮できるでしょう。

　また、野菜ソムリエなど、勉強した知識を生かして人にアドバイスする仕事も上手にこなせます。

　忍耐力と体力を生かせば、レスキュー隊などのハードで責任ある仕事をすることも可能。コツコツと根気強く仕事にとり組み、文章力もあるのでライターなども向いています。

　あれこれ目移りすることなく、与えられた仕事を地道にこなせるので、どんな仕事をしても確実に結果を残していける18日生まれ。融通がきかないために、少し損をすることもありそうですが、今のスタイルを無理してくずさなくても大丈夫。着実な仕事ぶりは必ず評価されていくでしょう。

18 日 生 ま れ の 有 名 人

★ビートたけし［北野武］（タレント・映画監督）
★ケビン・コスナー（俳優）
★鳥居みゆき（お笑い芸人）
★槇原敬之（歌手）
★広末涼子（俳優）
★上地雄輔（タレント）
★中居正広（タレント）
★蜷川実花（写真家）
★郷ひろみ（歌手）
★岡田准一（タレント）
★東尾理子（プロゴルファー・タレント）
★にしおかすみこ（お笑い芸人）
★絢香（歌手）
★小雪（俳優）
★藤本敏史［FUJIWARA］（お笑い芸人）
★ブラッド・ピット（俳優）
★後藤輝基［フットボールアワー］（お笑い芸人）
★大貫亜美［PUFFY］（歌手）

★宅麻伸（俳優）
★板尾創路（お笑い芸人・俳優）
★名取裕子（俳優）
★中井貴一（俳優）
★安藤美姫（元フィギュアスケート選手）
★豊川悦司（俳優）
★高島彩（アナウンサー）
★黒田俊介［コブクロ］（ミュージシャン）
★成海璃子（俳優）
★森泉（タレント）
★三宅宏実（元重量挙げ選手）
★武田真治（俳優）
★仲里依紗（俳優）
★中村七之助（歌舞伎役者）
★山本美月（モデル・俳優）
★安藤サクラ（俳優）
★那須川天心（プロボクサー）

サポートしてくれる人と
タイミングが合わない人

18日生まれをサポートしてくれる人

3日
生まれ

15日
生まれ

　子どものような無邪気さがあり、遊び心にあふれた3日生まれからは、いつも新鮮な驚きが。旺盛な好奇心と行動力で新しいものを次々に生み出すので、あなたの感性を刺激してくれるでしょう。

　直感と運の強さをあわせ持つ人。気配り上手で思いやりの気持ちにあふれているため、いつもあなたの心をほぐし癒やしてくれる相手です。15日生まれのカンのよさはピカイチ。そばにいると刺激を受けて、カンがよりいっそうよくなります。

18日生まれとタイミングが合わない人

20日
生まれ

28日
生まれ

　人知れず黙々とがんばる努力家。しかし、力のかけどころがややピントはずれで、から回りすることも。堅実に成果を積み上げていくタイプのあなたはイライラさせられそう。協力し合うにはストレスのたまりやすい相手。

　頭の回転が速く行動力もバッチリ。リーダーの資質もあるので、あなたを引っぱってくれる面もあるのですが、体力不足で本来の実力を発揮しづらい面が。ここ一番でダウンしてしまうため、どんなときもがんばり抜けるあなたに負担が。

19日生まれ

ディベロッパー型

全体運

感情豊かで、鋭い感性を持っているあなた。少し現実離れしているところがあり、いつも空想の世界をふわふわと漂っている「夢追い人」です。

芸術的センスにすぐれていて、映画や本、マンガなどフィクションの世界にもくわしく、その分野の先駆者となる可能性も。時代を先読みできるので、流行の先どりをしたおしゃれで人目を引くこともできるでしょう。

ただ、アーティスティックなことへの興味や感受性が強すぎて、現実を見るのがやや苦手なところがありそう。フィクションの世界で遊ぶことが心地よすぎて、現実に戻ってくるのがむずかしくなるようです。何をしていても空想し始めると心が夢の世界へ飛んでしまうため、「何を考えているかわからない人」「つかみどころのない人」のレッテルを貼られてしまうことがあるかもしれません。

あなたの豊かな感性を生かすために大切なのは、まず地に足をつけた生活をしっかり送ること。目の前のことに、ひとつひとつ丁寧にとり組んでみましょう。意外な発見があり、アウトプットするものも変わってくるはずです。また、まわりに与える印象も一段と落ち着いたものになるはずです。

人の好き嫌いがほとんどなく誰とでも分けへだてなくつき合えるのが、あなたの長所。目標を達成できる実力もあり、洞察力や人を見る目も持っているので、最後まで物事を投げ出さずにとり組む根気と着実性が身につけば、大きな夢を叶えることも可能でしょう。

◉見守り梵字

注意すべきこと

個性的な着眼点を持ち、人を驚かせるようなアイデアも出せるのに、それを形にしていくプロセスでつまずいてしまうことが多いようです。新しいものが大好きなので、次から次へと興味の対象が移ってしまうのが大きな原因。また、客観的に情勢を分析して理性で行動することが、少し苦手かもしれません。

目標を決めれば、自分の道を切り開いていく能力は十分にあります。**夢見がちで移り気なところを上手にコントロールしていきましょう。**まずは、今自分が立っている場所をしっかりと見ること。そして、優先順位を定めて順序よく物事に対処するクセをつければ、足元をすくわれることもなくなるでしょう。

いいたいことだけをいって、あとは自分の世界で遊んで満足することも多いあなた。まわりからは、少々浮世離れしている「困ったちゃん」と思われることもあるかもしれません。人の話をよく聞いて周囲とコミュニケーションをとっていきましょう。また、自分自身のこともっとくわしく伝え、人にわかってもらうという努力をすると、思わぬときに援助の手がさしのべられることもありますよ。

恋愛に関して

ミステリアスな魅力があり、アプローチが絶えないあなた。ただし、なぜか寄ってくるのは、ちょっとワケありクセありの人が多いかも。

　本来は人を見る目には長けているのに、パートナー選びでは残念ながらその洞察力が発揮できないよう。まわりが「なんで、あの人と？」と首をかしげたくなるような相手とつき合って、泣きを見ることもあるかもしれません。ときには気安くお金を貸してしまい、トラブルになる可能性もあるので注意してください。

　しかし、あなた自身はたとえ失敗したとしても懲りずに、また次の相手へと……。奔放な恋愛を繰り返す恋多き人が多いのも19日生まれの特徴です。

　空想が妄想になり、ドラマチックな展開を期待して恋愛遍歴を重ねて

◇ LUCKY ◇

ラッキーナンバー　25

　現実的な視点で物事を考えられるように働きかける「25」。計画性や着実性が高まるので、アイデアを形にしていくときに意識すると、とても役立ちます。また、目標に食らいついていく粘り強さや根性を与えてくれるので、途中でギブアップしそうなときに助けになるでしょう。「25」でがっちり足固めをすれば、運勢がグンと活気づきますよ。

　毎日、25分ウォーキングを。大地をしっかり踏みしめて、元気よく歩きましょう。慣れてきたら休憩を挟んで、2セット行いましょう。言動に安定感が出て、これまで脇をすり抜けていた運もしっかりキャッチできるようになります。

ラッキープレイス　ブランドショップ ／ 老舗

　格式ある伝統を守り続けるショップで、物事に動じない安定したパワーをチャージ。老舗旅館や老舗ホテルでの宿泊も運を強化します。

しまうのかもしれません。「この人で大丈夫かな」と不安を感じたら、早めに親しい人に相談してみるのが、幸せな恋愛への近道です。

　あなたの場合、誰を相談相手に選ぶかがとても重要。誰からも信頼される人か、もしくは相手のことをよく知る人に、さりげなく人柄を尋ねてみるといいでしょう。モテるので恋のチャンスには事欠きません。焦らず、運命の人を探しましょう。

健康に関して

●目の疲れとドライアイ対策に目薬を。
●肩こりには、デスクでのストレッチが有効。

ラッキーカラー　　イエロー ／ バイオレット

　うわついた気持ちをしずめ、堅実に生活を送るのを助けるイエロー。緻密に手順よく物事を進められるようにしてくれます。心が上の空になって集中できないときはイエローを見つめると、集中力が戻ってくるでしょう。普段から目に入るところにイエローを持ってくると、「しっかりして」としかられずにすむはずです。

　バイオレットは、直感力やひらめきを高めてくれる色。もともと持っている感性をより磨き、ブラッシュアップしてくれます。変化に強くなれるので、気持ちのアップダウンが激しいときに、いい方向へと導いてくれるでしょう。

　普段使いのものには、地に足をつけさせてくれるイエローを。バイオレットは、小物のバリエーションのひとつにとり入れてみてください。

ラッキーアイテム　　お守り

　お守りで神仏の守護をいただき、ガード固めを。自宅や職場近くの寺社のお守りが、地に足をつけさせてくれるでしょう。

向いている職業

メイクアップアーティスト ／ 美容師 ／ パイロット ／ ランジェリーデザイナー ／ プログラマー

　仕事での成功を望むなら、豊かな感性をそのまま生かせる職種につくのがポイント。人の美しさを引き出す感性が求められるメイクアップアーティストや美容師、ランジェリーデザイナーになると、あなた独自の美意識や感性を強く打ち出し、名を上げていくことができるでしょう。女性の魅力を上手にアピールできる才能があるので、あなたの腕にかかればどんな人も美しく輝けるはずです。

　また、頭がよく、新しい道を切り開いていく能力も高いので、プログラマーも向いています。19日生まれは、空で仕事をすると実力を発揮できるという性質も持っています。なので、先頭を切って進んでいける資質も生かせるパイロットとして活躍することも可能です。

　いずれにしても、感性を磨き、現実をしっかり見て誠実な姿勢で仕事にとり組めば、満足できる業績を残していけます。

19 日 生 ま れ の 有 名 人

★松任谷由実（ミュージシャン）
★ウド鈴木［キャイ～ン］（お笑い芸人）
★宇多田ヒカル（ミュージシャン）
★薬丸裕英（タレント）
★村上龍（作家）
★藤岡弘、（俳優）
★太宰治（作家）
★宮里藍（元プロゴルファー）
★杉本彩（タレント）
★宮藤官九郎（脚本家）
★藤木直人（俳優）
★ココ・シャネル（ファッションデザイナー）
★反町隆史（俳優）
★岩尾望［フットボールアワー］（お笑い芸人）
★藤崎奈々子（タレント）
★佐藤江梨子（タレント）
★KABA.ちゃん（タレント）
★温水洋一（俳優）

★近藤真彦（タレント）
★西川貴教［T.M.Revolution］（歌手）
★安藤優子（キャスター）
★大森南朋（俳優）
★Cocco（歌手）
★中島美嘉（歌手）
★岡田義徳（俳優）
★小嶋陽菜（タレント）
★神木隆之介（俳優）
★IMALU（タレント）
★ディーン・フジオカ（俳優・歌手）
★広瀬すず（俳優）
★松任谷正隆（音楽プロデューサー）
★藤井聡太（プロ将棋棋士）
★木村文乃（俳優）

サポートしてくれる人と
タイミングが合わない人

19日生まれをサポートしてくれる人

24日
生まれ

GOOD

25日
生まれ

育ちがよくセレブのような雰囲気があり、経済的にも恵まれている人が多い24日生まれは、あなたの感性とよく合います。おおらかで華やかな性格なので一緒にいて楽しく、話も盛り上がるでしょう。

なんでも受け入れ許してくれるお母さんのような人。常に冷静で、夢見がちでどこかへ飛んでいってしまいそうなあなたを、現実世界にしっかりつなぎ止めてくれます。あたたかい優しさで包みながら、苦言も呈してくれるありがたい存在です。

19日生まれとタイミングが合わない人

8日
生まれ

?

18日
生まれ

堅実を絵に描いたような性格で、計画を立ててきっちり物事を進めなければ気がすまないタイプ。あなたとは真逆といっていいかも。8日生まれにはあなたの感性が理解できず、あなたは相手の地道さを退屈だと感じます。

大地に根を張る大木タイプ。安定感は抜群なのですが、その感覚であなたを縛りつけようとすることがあるかも。近くにいると息がつまる相手です。相手の価値観を無理やり押しつけられて、反発したり衝突したりすることも多くなりそうです。

20日生まれ

サポーター型

全体運

あなたはどんなときもマイペースで、与えられた仕事を黙々とこなす人。事務処理能力が高く、いつも陰ひなたなく黙々と物事にとり組みます。**希有（けう）なまじめさと誠実さを持った人**です。

創造性を生かして自由に仕事をするよりも、いわれたことを型通りにきちんと遂行するのが得意。たとえ人が敬遠するようなことを押しつけられても、それが仕事とあらば文句をいうこともありません。苦労を苦労と思わず、淡々と処理して完璧に仕上げることができます。

自己主張が強いタイプではないので、その功績が華々しくとり上げられることは少ないかもしれません。しかし、「縁の下の力持ち」的な実直なあなたの仕事ぶりに、感謝している人は少なくないでしょう。

細かいところにもよく気がつき手抜きもしないので、常に結果はパーフェクトなのですが、スピード感はいまひとつ。要領がよくないせいで地道な努力がから回りして、アイドリング状態になってしまうことが原因のようです。

とはいえ、**たとえどんなに遠回りしても、またどんなに時間がかかっても目標はきちんと達成させられる力**を持っているので、よき理解者に恵まれれば引き立てられて上昇していけます。

自分が主役になるより、人をサポートする補佐的な立場にいたほうが能力を発揮しやすいかもしれません。人一倍がんばり屋さんで、自分のやるべき仕事が常にわかっているあなたなら、どんなところでもゆるぎない地位を確保することができるでしょう。

●見守り梵字

注意すべきこと

器用なほうではないので、「もう少し急いで」といわれても自分のペースを変えるのはなかなかむずかしいはず。自分では急いでやっているつもりでも、まわりは思ったように認めてくれないこともあるでしょう。

そんなときは、「急がば回れ」が合言葉。焦ってもから回りするだけですから、自分のペースでいい結果が出せるように努力すればいいのです。最後には、持ち前の粘りと熱心さがものをいうはずです。

穏やかな雰囲気ですが、強気な一面もあり、周囲をビックリさせることも。また、「これだけやっているのだから認めてよ！」という気持ちがわいてくることもあるかも。でも、見返りを求めてしまうと、とたんに今やっていることが苦しくなります。時間をかければ必ず成果となって表れるので、**「やることをやっていれば、いつかは報われる」くらいの気持ちで、おおらかに構えたほうが得策**です。あわせて、物事の優先順位を見極めて手順よく段どることも覚えると、徐々に効率も上がっていくでしょう。

体力があるほうではないので、無理は禁物。疲れたら早めに休んで、体調管理をしっかり行いましょう。

恋愛に関して

生まじめなあなたの恋愛は、基本的には「待ち」の姿勢が多そう。もし誰かといいムードになったとしても、パッとつき合うことになる確率は低く、とにかく「時間」が必要な人です。一時の感情に流されることがなく、冷静さは常に失わないので、「できちゃった結婚」なんてもってのほか。恋愛期間中はひとつひとつのステップを大切にして、長い時間をかけてゴールインすることになるでしょう。

でも、ゆっくり階段を上っている間に、気がついたら相手が目の前からいなくなっていたということも起こりえます。ストレートに気持ちを表現するのは苦手かもしれませんが、**ときには受け身をやめて、自分から気持ちを伝えることも大切**ですよ。

末永く幸せになれる相手は、あなたのペースを理解してつき合ってく

◇ LUCKY ◇

ラッキーナンバー **13**

明るく元気なパワーをプラスし、チャンスに強くなれる「13」。この数字の性質を活用すれば、実力通りの評価が得られるようになります。まわりとのコミュニケーションを深める働きがあるので、普段は控えめなあなたも、場面をとらえて上手に自己アピールできるようになるでしょう。まじめすぎる印象も一掃し、親しみやすい雰囲気をかもし出してくれます。体力面を強化する効果も。

13分になったら別の作業にかかる、13番のテーブルに着く、13番のロッカーを選ぶなど、あらゆる場面でこの数字を意識して行動しましょう。新しい運の流れが生まれますよ。

ラッキープレイス **スポーツジム**

エクササイズや水泳で日ごろのストレスを発散しましょう！ 体力づくりにもなり達成感が味わえるので、自信と活気が出てきます。

れる人。「今度、いつ会える？」「早く結婚しよう」などと急かさず、あなたの気持ちが整うのを長い目で見て待ってくれる相手がベストです。ただし、あまりにも優柔不断な態度でいると、「嫌われたかな」とカン違いされてダメになったり、別の相手に横どりされたりすることもあるので、タイミングは逃さないように。

健康に関して

● 頭痛、目の疲れ、耳鳴りなど首から上に注意。
● 胃腸の不調は、腹八分目で改善を。

ラッキーカラー　　　レッド ／ ターコイズブルー

　エネルギッシュなレッドは、体力不足でバテ気味になったときに活を入れてくれます。仕事のペースが落ちたり、日常のフットワークが重くなってきたと感じたら、レッドを補ってエネルギーチャージを。特に仕事面で、レッドの力を借りると無理なくペースアップできます。強い影響力がある色なので、下着やティッシュケースなど、目につかないところに用いるだけで、ベストの働きをしてくれるでしょう。
　処理能力をアップさせるターコイズブルーもおすすめ。スムーズな流れをつくり、行動にスピード感が出てきます。自由な発想が生まれ、メリハリのある日常が送れるようになるでしょう。普段はレッドを多めに用いてエネルギーアップを。仕事の能率を上げたいときは、ターコイズブルーを登場させて。

ラッキーアイテム　　　手帳

　スケジュールをきちんと書き込むと、から回り防止効果が。角丸の手帳がおすすめ。ターコイズブルーのペンもラッキーを呼びます。

| 向いている職業 | 保育士 ／ 看護師 ／ 公務員 ／ ヨガインストラクター ／ 農業 |

　細かいところに気がつき、人への思いやりが深いサポーター気質なので、保育士や看護師は適性を生かせる仕事です。

　また、公務員として働くのもおすすめ。与えられた任務をきちんとやり遂げ、どんな仕事にも誠実にとり組めるでしょう。

　体力があまりあるほうではないので、自分の健康を維持する意味も含めて、ヨガのインストラクターもおすすめです。決められた手順に従って、基本に忠実に指導できる先生になれるはずです。

　結果が出るまでにある程度の時間がかかっても、途中で投げ出すことなく工夫を重ねていけるあなたなら、農業もOK。肉体労働や細かい作業でも手抜きをすることなく、生産物に愛情を注ぎ、大きな収穫を達成できるでしょう。まじめさゆえに、すべてのことに全力投球してしまい、体力を消耗しがちですが、ポイントを絞って作業をすると、より効率よく結果を出していけます。

20日生まれの有名人

★IKKO（メイクアップアーティスト）
★川島章良［はんにゃ］（お笑い芸人）
★矢口真里（タレント）
★長嶋茂雄（元プロ野球選手）
★アントニオ猪木（元プロレスラー）
★志村けん［ザ・ドリフターズ］（タレント）
★森田剛（タレント）
★竹中直人（俳優）
★王貞治（元プロ野球選手）
★河村隆一［LUNA SEA］（ミュージシャン）
★永井大（俳優）
★光浦靖子［オアシズ］（お笑い芸人）
★石坂浩二（俳優）
★相武紗季（俳優）
★マリエ（モデル）
★間寛平（タレント）
★松坂慶子（俳優）
★森山未來（俳優）

★麻生太郎（政治家）
★一青窈（歌手）
★安室奈美恵（元歌手）
★若林正恭［オードリー］（お笑い芸人）
★小池栄子（タレント）
★ユリ・ゲラー（超能力者）
★小田和正（ミュージシャン）
★かとうかず子（俳優）
★竹内まりや（ミュージシャン）
★南果歩（俳優）
★大本彩乃［Perfume］（ミュージシャン）
★猪瀬直樹（作家）
★藤田ニコル（モデル）
★宇治原史規［ロザン］（タレント）
★宇賀なつみ（アナウンサー）
★はなわ（お笑い芸人）
★勝地涼（俳優）

サポートしてくれる人と タイミングが合わない人

20日生まれをサポートしてくれる人

1日
生まれ

GOOD

23日
生まれ

天性のリーダーシップを備えている人。常にゴールを目指し走っている1日生まれの指示を、あなたが的確にこなしていくパターンが理想。お互いの足りない部分を補い合い、気持ち的にもしっくりくる組み合わせです。

コミュニケーション能力が高く、人のこともよく見ているので、あなたの働きぶりをきちんと認めてくれます。そればかりでなく、あなたにかわってそれをまわりにアピールしてくれるありがたい存在です。

20日生まれとタイミングが合わない人

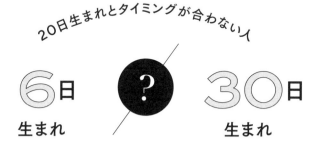

6日
生まれ

?

30日
生まれ

基本的には優しい人なのですが、6日生まれの独特のセンスがあなたには理解不能。少し神がかったことをいうところや、不思議な雰囲気に違和感を覚えてしまいます。まじめなあなたとは、共通の会話が生まれにくいでしょう。

底抜けに明るく天真爛漫（てんしんらんまん）でノリがいい人。その無邪気さがあなたにとってはウザいのでは？　なんでも大げさに反応するところもしらじらしく感じ、冷ややかな目で見てしまうはず。相手にとっても、反応の薄いあなたは煙たい存在かも。

21日生まれ

チャイルド型

全体運

　頭がよく、ずば抜けたビジネスセンスを生かして事業を起こし、大成功できる力を持った人です。投資も得意で、順調に財産を築いていきます。

　高級感たっぷりのファッションに自信がにじむふるまいが板についたあなたには、肩で風を切って歩くビジネスパーソンとしてバリバリ活躍する姿が似合いそう。といっても、ガチガチの仕事人間ではありません。愛嬌ある明るさや無邪気さ、遊び心を兼ね備えているので友人も多く、大いに人生を謳歌しているはず。

　カンが鋭く、どうすれば自分の才能を生かして、人生を切り開いていけるかをかぎ分けるのも得意。持ち前の行動力と先見性を駆使してグイグイ前進し、夢をひとつずつ叶えていきます。

　子どものような天真爛漫さとビジネスの才能が絶妙にリンクしているのが、あなたのおもしろいところ。**どんな仕事についてもゲームのような感覚で実績を積み重ね、名を上げることができる**でしょう。

　実力をそのまま発揮できるのはうらやましいところですが、逆にいえば実力以上のものは出せない面も。力がないまま世の中に出ていくと、鳴かず飛ばずで終わる危険性もあります。成功したいなら、自分が納得できる技量を身につけましょう。資格をとるのも、ひとつの手です。

　子どもっぽさは人づき合いにも表れ、好き嫌いがはっきりしています。ただし、イヤな相手とは上手に距離を置けるので、不要な関係を生むことはありません。自分も楽しみながら前進し、輝かしい未来を手にすることができるでしょう。

◉見守り梵字

注意すべきこと

最大の弱点は、人の意見が素直に聞けないところ。自分なりのこだわりが強いので、一度「この道」と決めたら猪突猛進してしまい、人からのアドバイスには耳を貸せないようです。周囲の全員が首をひねっていても、自分のカンを信じ「大丈夫、大丈夫」と突っ走ってしまいます。

勢いがあるので、流れに乗っているときはそれでもいいのですが、いったんタイミングがズレ始めると失速するのも急展開。上手に方向転換できずに、大きな痛手となってしまうことがあるかも。

純粋なカンではなく、計算ずくで動いている場合は失敗しやすいので用心を。**お金やもの、人への執着心を手放すと、上手に軌道修正できるようになりますよ。**

また、子どもっぽさが災いして、小さなことにこだわって人を困惑させることもあるかも。気分の切り替えもどちらかというと苦手。今こそ「大人の分別」を身につけましょう。周囲の意見に耳を傾ける余裕が生まれて不要な波風が減り、目標に早く近づけるでしょう。

いつも堂々としていて、自分の財力や知力を素直に誇れるのは、あなたの魅力のひとつ。ただ、中にはそれを快く思わない人もいるようです。ちょっとした気配りや優しい心づかいができるようになると、あなたのファンはますます増えるでしょう。

恋愛に関して

人を引きつけるチャーミングさを持ったあなたは、モテ度も当然高め。そのはつらつとした輝きに反応して誘ってくるのは、あなたと同じような魅力を持った素敵な人が多いでしょう。

あなた自身がひかれやすいのは、一緒になってノリノリで遊んでくれる人。「遊園地やテーマパークで一緒にはしゃげる人」が、自分の基準としてあるかもしれません。子どものようなキラキラした目で趣味の話をする人や、無邪気な一面を見せてくれる人には、一気にのめり込んでいくパターンがあるかも。**好きな人には迷うことなくオープンに好意を表せるので、恋の成功率も高め**です。

ただしお互いに子どもっぽい者同士だと、危なっかしい面もありそう。ささいなことでケンカになったり、サポートが必要なときに支え合

◇ LUCKY ◇

ラッキーナンバー　24

無から有を生むエネルギーをくれる「24」は、起業家精神に富むあなたにぴったり。この数字は、もとからあるビジネスセンスを磨き、仕事を通して財を築くパワーを強化します。宝くじの当選や臨時収入があるなどの運にも恵まれやすい数字です。健康運、恋愛運にも強く、上昇気流に乗せてくれます。

パソコン文書のファイル名やメールアドレスの最後に、「24」の数字を加えましょう。打ち合わせ時間の調整がスムーズに進んだり、メールでの交渉が功を奏したりと、仕事上で数字のパワーを存分に活用できますよ。

ラッキープレイス　海

仕事運が上がる海で、幸運の波をキャッチする力をゲットしましょう。ヨットや観光船でクルーズすると、さらなる上昇が望めます。

えなかったりして、共倒れになる可能性もあることを忘れないで。

　ぴったりなのは、あなたの子どものような感性を大人の立場でおもしろがって見ていてくれる人。一緒にはしゃぐのではなく、少し離れたところから余裕をもって見守ってくれる相手が幸せを運んできてくれますよ。

健康に関して

- ●冷えやすい体質なので、手足は常にあたたかく。
- ●ハンドマッサージで、こまめに手のケアを。

ラッキーカラー　　バイオレット ／ イエロー

　カンの鋭さを補強するバイオレットで、さらに先どり力をアップしましょう。インスピレーションがわきやすくなり、ビジネスに活用できる斬新なアイデアが浮かびます。バイオレットは、変化に対応する力をもたらすので、急な方向転換を迫られたときや、めまぐるしく状況が変わるときに助けてくれます。現実的な面でのサポートはイエローの得意技。心を落ち着かせて集中力を高め、目標を達成するのに役立ちます。同時に幸福感を与える働きがあり、豊かに成功していくためには欠かせない色です。

　バイオレットとイエローは、金運上昇には最高のコンビネーション。単色でもパワーを発揮しますが、2色を組み合わせて使っていくと、相乗効果を発揮します。

ラッキーアイテム　　携帯電話やタブレット

　情報だけでなくエネルギーも受発信する携帯電話やタブレットは最新型を。先見性や商才がより磨かれ、海外への飛躍も望めます。

向いている職業

IT関係 ／ 起業家 ／ 広告代理店 ／ 営業職 ／ スポーツライター

　仕事が大好きで時代を読む力があり、ビジネスで活躍できるあなたには、IT関係など世の中の先端を行く職種が最適。

　ビジネス全般に強い21日生まれですが、プレゼン力、企画力、マネージメント力が生かせる広告代理店や営業職だと、より才能が輝くでしょう。また、スポーツ好きが多く活動的で、最新情報をキャッチして新たなスターを発見していく能力もあるので、スポーツライターの資質も十分。

　独立心が旺盛なので、いつかは起業しようと思う人も多いのですが、その選択は気質に合っています。ずっと組織の中にいるよりも、自分で事業を起こしていくほうがのびのびと活躍できるでしょう。

　後悔しないためにも、得意分野を見定めて早いうちから準備をしておいたほうがいいかも。

21日生まれの有名人

- ★高田純次（タレント）
- ★京本政樹（俳優）
- ★要潤（俳優）
- ★香里奈（モデル・俳優）
- ★川嶋あい（歌手）
- ★岩城滉一（俳優）
- ★田崎真也（ソムリエ）
- ★江國香織（作家）
- ★輪島功一（元プロボクサー）
- ★安田美沙子（タレント）
- ★船越英一郎（俳優）
- ★はるな愛（タレント）
- ★関根勤（タレント）
- ★松田優作（俳優）
- ★安倍晋三（政治家）
- ★渡辺謙（俳優）
- ★本木雅弘（俳優）
- ★今井雅之（俳優）
- ★梨花（モデル）
- ★杉本哲太（俳優）
- ★片岡鶴太郎（タレント）
- ★池脇千鶴（俳優）
- ★恵俊彰［ホンジャマカ］（タレント）
- ★佐藤健（俳優）
- ★萩原聖人（俳優）
- ★大江麻理子（アナウンサー）
- ★指原莉乃（タレント）
- ★菅田将暉（俳優）
- ★二階堂ふみ（俳優）
- ★水樹奈々（声優・歌手）
- ★松本伊代（タレント）
- ★高城れに［ももいろクローバーＺ］（タレント）
- ★本田真凜（フィギュアスケート選手）
- ★蛭子能収（漫画家）

21日生まれをサポートしてくれる人

7日
生まれ

GOOD

16日
生まれ

型破りな個性を発揮するカリスマ。7日生まれのオリジナリティーや人気が目標達成の助けとなることがありそう。時流を読む力もあるので、ビジネスパートナーにすると時代の先を行く最強のコンビになります。

親分肌で、厳しさの中にも優しさがあり、正しく導いてくれる人。あなたの少し子どもっぽい部分を上手に受け止めてくれるでしょう。親しい人を何がなんでも守り抜くタイプなので、一度仲よくなったら信頼してつき合える相手です。

21日生まれとタイミングが合わない人

10日
生まれ

?

19日
生まれ

有能で仕事は手早くできるのに、いつもひと言多く、イラッとさせられることが多そう。気分よくやりたいところに水を差されて、口ゲンカになってしまうことも。グチが出てきたら明るい話題をふって、雰囲気を変えるといいでしょう。

人を魅惑する不思議な力があるので、振り回されそうな相手です。あなたが一方的に翻弄されて、ヘトヘトになってしまうこともあるかもしれませんよ。初めから一定の距離を置いてつき合うほうが無難です。

22日生まれ

ピラミッド型

全体運

筋金入りの完璧主義者。どんなことにも精力的にとり組み、目標を目指して努力し続けられる人です。その根気と独自の美学を貫く姿勢は、まるで職人のよう。**最後の一歩まで、手抜きのない仕事をたゆみなく積み重ね、人を圧倒する結果を生み出します。**

また、「右へならえ」の事なかれ主義が多い中、あなたは誰に対しても自分の意見をはっきりと主張できる強さを持っています。**自分を守るために妥協したり、心とは裏腹な態度でお茶を濁したりすることは一切なし。**納得がいかないことがあると、とことん反論し立ち向かいます。たとえ損をするとわかっていても、自分が正しいと思ったらおじけづいたりせずに持論を展開していくでしょう。

特に仕事面でのこだわりは誰よりも強いため、自分のポリシーに合わない場面では、あちこちで衝突を起こしているかも。そのアグレッシブさを潔いと見る人もいれば、「短気」と見る人もいそうです。同じ意見でも、いい回しの工夫や口調で受けとり方は大きく変わります。あなたが望むようなパーフェクトな結果を出すためには、まわりの協力は不可欠。「切れキャラ」呼ばわりされて敬遠されないように、ソフトな物言いを心がけましょう。

車やファッションなどの趣味は高級志向で、流行にも弱いタイプかも。やや見栄っぱりな面も見られます。財布のひもをしめるのを忘れてはいけませんが、ときには贅沢もOK。お気に入りの服を着て好きなものを身近に置けば、気持ちがアップし余裕ある対応ができるようになるでしょう。

◉見守り梵字

注意すべきこと

常に100％のものを求めるあまりに、1％でも気になるところがあると全部NGにしてしまいたくなる傾向があります。せっかく積み上げた積み木の山を両手でガラガラッとくずすようなことをしていませんか？　くずした積み木は、実はそれなりに立派な業績として認められていいレベルのもの。「今になって、なぜ？」「惜しいことを……」とまわりは驚いているはず。

また、感情的になりやすいので、怒りにまかせて相手を非難し、公私を問わず人間関係を壊してしまうことも多いかも。

あなたのテーマは、ずばり「我慢」。短気は損気だということに気づきましょう。

積み木の山に1％の不満点を見つけたとしたら、その部分だけとり替えることを考えれば、もっと早くラクに成果を出せます。また、ときには自分の主張を引っ込めて相手を立てることを覚えると、あなたをとり巻く人間関係が様変わりし、「敵」も減るでしょう。

一度、気の置けない友達に「私って、どう見えてる？」と聞いてみるのもいいでしょう。もし耳の痛い言葉が返ってきても、謙虚に受け止めて。良薬は口に苦し。自分を冷静に見る目を養うと、あなたの才能や実力を浪費することなく、高みを目指していけます。誰もが目を見はるような奇跡を起こすのも夢ではありませんよ。

恋愛に関して

喜怒哀楽は激しいけれど切り替えは早いので、元カレや元カノを引きずることは少ないタイプ。自分を引き上げてくれそうな、ステータスも実力もある人を好きになる傾向があります。つき合い始めてからも、いいたいことは歯に衣着せずいうため、ケンカが絶えない仲になることもありそう。

理想の相手は、何をいっても怒らず「はいはい」と聞いてくれる人です。「気がすむまで好きなことをいっていいよ」といってくれる**広い心を持った人や、あなたがどんなに怒っても気にしないくらいの図太さを持った人を探しましょう。**

相手が精神的に安定していて大人の対応をしてくれれば、自然にあなたの心もくつろぎ、ゆとりや優しさが芽生えるでしょう。とはいえ完璧を求めすぎると、どんな相手でもうまくいきません。こちらから相手に

◇ LUCKY ◇

ラッキーナンバー **35**

優しさと思いやりに満ちた「35」が、激しやすい感情を中和してくれます。この数字のエネルギーが加われば怒りや攻撃性をうまくコントロールできるようになり、人柄に穏やかさが加わるでしょう。また、客観的な視点をくれるので、気持ちが波立ち始めたらすばやく察知して、気分転換をはかれるようになります。

携帯電話の待受やパソコンのホーム画面などに、「35」と表示させましょう。大きく表示させても、サイズを小さくして並べてもどちらでもOK。怒りがわいてきたらこの数に目をやるクセをつけると、気持ちの切り替えがさっとできるでしょう。

ラッキープレイス **ハーブ園 ／ バラ園**

気持ちを落ち着かせるアロマ効果でイライラが解消し、好調の波に。カフェでハーブティーを飲むのも同じ効果が期待できます。

何をしてあげられるかを考える姿勢を持つことが、長続きの鉄則です。

　相手に対する不満が募ったときは、感情的にならず冷静に伝えましょう。変えてほしい点や不満な点を具体的に明確に伝えるのがコツ。また、自分の感情は自分で処理することも重要です。イライラし始めたら、ジムやカラオケでストレスを発散するとすっきりするでしょう。

健康に関して

● 食べすぎは不調のもと。適量をゆっくりかんで。
● 胃への負担となるストレスは、上手に発散を。

ラッキーカラー　　グリーン ／ マゼンタ

　グリーンは人の心をリラックスさせてくれる色。平和な空気をもたらすグリーンで、協調性や穏やかさを育みましょう。グリーンの森を見ながらケンカしたいと思う人はいないはず。部屋に観葉植物を置くと、気持ちが安らぎ平穏な心で過ごせるようになるでしょう。

　マゼンタ（明るい赤紫）は優しさを与えてくれます。ホルモンバランスを整える効果があり、感情の安定をはかり美容にも効果的。腹が立ったりイライラしたりしているときにとり入れると、気持ちを落ち着かせ幸福感を与える力を持っています。美意識を高める働きもあるため、この色の小物を持っているとセンスが磨かれておしゃれ度もアップします。マゼンタの下着を身につけると、イライラ防止にも。

ラッキーアイテム　　アロマオイル

　ラベンダーやローズの香りでリラックスして対人運をアップ。柑橘系の香りは、陽気さとユーモアをプラスしてイライラ防止にも。

| 向いている職業 | ジャーナリスト ／ ファッションアドバイザー ／ 販売員 ／ 設計士 ／ マジシャン |

批評眼があり理論派のあなたは、鋭く問題に切り込むジャーナリストに向いています。クオリティーの高い記事が書けるでしょう。おしゃれへのこだわりを生かせるファッションアドバイザーや販売員もおすすめ。長い時間をかけてじっくりプロジェクトにとり組むよりも、その場その場で仕事が完了するほうが合っているので、ストレスを感じず仕事を楽しめるでしょう。また、設計士は納得がいくまで物事を追求する粘り強さを生かせる職種。手先の器用さを生かせるマジシャンもおすすめ。新しい技を身につけることにやりがいを感じて精進していけるので、独自のスタイルを確立できそうです。

仕事に対するこだわりがあるのはいいのですが、あまりにそのこだわりが強すぎると、いい結果が出しづらくなります。ちょっとしたことは妥協するくらいの気持ちでとり組むと、まわりとのバランスもとれてスムーズに仕事が進むでしょう。

22 日 生 ま れ の 有 名 人

★星野仙一（元プロ野球選手）
★中田英寿（元プロサッカー選手）
★陣内智則（お笑い芸人）
★黒崎えり子（ネイリスト）
★ゴリ［ガレッジセール］（お笑い芸人）
★加藤ローサ（俳優）
★阿部寛（俳優）
★原辰徳（元プロ野球選手）
★内村光良［ウッチャンナンチャン］（お笑い芸人）
★長谷川京子（俳優）
★みのもんた（タレント）
★タモリ（タレント）
★菅野美穂（俳優）
★北川景子（俳優）
★石橋貴明［とんねるず］（タレント）
★関根麻里（タレント）
★aiko（歌手）
★安めぐみ（タレント）

★田中麗奈（俳優）
★森公美子（歌手）
★緒形直人（俳優）
★イチロー（元メジャーリーガー）
★室井滋（俳優）
★錦織一清［少年隊］（タレント）
★加賀乙彦（作家）
★狩野英孝（お笑い芸人）
★中田翔（プロ野球選手）
★斉藤和義（ミュージシャン）
★加藤ミリヤ（歌手）
★吉高由里子（俳優）
★森星（モデル）
★唐橋ユミ（キャスター）
★遠野なぎこ（俳優）

サポートしてくれる人と タイミングが合わない人

22日生まれをサポートしてくれる人

15日 生まれ

GOOD

18日 生まれ

　誰に対しても人当たりがいい人気者。15日生まれといると心がなごみ、ムッとすることがあっても「まあ、いいか」と思えることが多いはず。一緒にいると喜怒哀楽の振り幅がグッと小さくなり、穏やかな状態でいられるでしょう。

　何事にも動じない安定感を持った人。感情表現の激しいあなたをどっしり受け止め、いつも同じ態度でつき合ってくれます。黙々と努力できるまじめさも持っているので、あなたも一目置いているかも。認めつつ協力し合える関係です。

22日生まれとタイミングが合わない人

28日 生まれ

?

30日 生まれ

　頭の回転が速く実力があります。リーダーとしての資質がある一方、体力不足の面が。仕事はできるので相性はいいのですが、忙しさが続くと、「体調が……」といい出し、最後まで根性でがんばり抜けるあなたをイライラさせるかも。

　よくも悪くもリアクションの大きい人。大げさな態度にちょっと反感を覚えるかも。あなたが地道に積み上げた成果を、最後の最後で台なしにしたり、かき回すおそれもあるので、動向には常に目を光らせておきましょう。

 23日生まれ

コミュニケーター型

全体運

　巧みな話術とオリジナリティーあふれる個性で人を魅了するカリスマ性を持つ人。発想の非凡さとコミュニケーション能力の高さは群を抜いています。デザイナー、事業家など特別な才能が必要な職業に多い誕生日です。

　独創的なだけでなく話題が豊富で、誰とでも仲よくできる人気者。自分を上手にアピールする術にも長けています。あなた自身も、陰で人を支えるより自分が前に出て活躍するほうが性に合っているはず。聞き役ではなく、もっぱらしゃべるほうですが、話が上手なので人を飽きさせません。大勢の中でも、いつも話題の中心になって場を盛り上げているでしょう。

　頭の回転が速く、着想がとても柔軟でユニーク。また流行に敏感でセンスもよく、いつも時代の先端を走っています。また、そんな自分の実力を、あますことなく使いこなす方法も知っています。あなたなら大きな成功を勝ちとるのも夢ではないでしょう。

　ただし人気に浮かれていると、思わず口が滑って人を傷つけてしまうこともありそう。相手の気持ちをくみとる優しさと気配りを忘れないようにしましょう。

　あなたの本領がもっとも発揮されるのは逆境のとき。**ピンチをチャンスに変える力はダントツです。**タフな精神力と細かいことにはこだわらないおおらかさで、難局を切り抜けていけるでしょう。どんなに抜き差しならない状態になったとしても、土壇場で大逆転できる強運と実力は、あなたの宝物。絶体絶命のときこそ、才能が大きく開花します。

◉見守り梵字

目標を設定して必死で努力するよりも、目の前の仕事に自然体でとり組み、毎日を楽しく充実させていくほうが、すんなり夢へと近づけますよ。

注意すべきこと

華やかで注目を集める存在なだけに、ささいな言動から敵をつくりやすいかもしれません。また、あなたの社交性や才能をねたんで足を引っぱろうとする人も、ときにはいるようです。

あなた自身はひょうひょうとしているため、まわりがどうあろうと自分の思う通りに行動していけるタイプ。人の悪意や悪口もさりげなくかわせる世渡り術があるので、基本的には大丈夫でしょう。

とはいえ、図に乗っていると、意外なところから攻撃の矢が飛んでくることもあります。気を引きしめて行動しましょう。自覚がないままに人の功績を自分のことのように語り、手柄を横どりしたような形になって見えることもあるので、気をつけたほうがいいでしょう。

また、誰もが自分と同じような能力を持ち、同じようなことができて当然と考えているところがあるかも。自分が「デキる人」なので、「デキない人」の気持ちがいまひとつ理解できないところがあるようです。相手は、そんなあなたの気持ちを敏感に感じとり、見下されたような印象を抱くものです。**陰で支えてくれている人や目立たないところでがんばっている人に対して、尊敬と感謝の念をきちんと伝えていくと、今の人気がますます不動のものになるでしょう。**

恋愛に関して

モテ度はトップランク。あなたの魅力的なトークで、十中八九、相手を落とせるといっていいかも。合コンでも話の中心になって会を盛り上げるだけでなく、きちんと意中の人をゲットできるでしょう。

つき合い始めてからも「釣った魚にエサはやらない」というタイプではありません。おしゃべりで人を楽しませる術を心得ているので、一緒にいて楽しい相手です。パートナーの気持ちを上手につなぎ止め、笑いの絶えないカップルになれるでしょう。**聞き上手な人を選ぶと最高に幸せな関係が築けます。**

ただし、いい顔をしたいばかりに心にもないことをいってしまうのは禁物。その場しのぎの適当な発言を続けていると、あとでバレたときにとり返しがつかないことになりますよ。

◇ LUCKY ◇

(ラッキーナンバー) **5**

思いやりと協調性を育てる「5」で、周囲との調和をとりつつ成功していくパワーを身につけましょう。人を傷つけることが減り、人間関係がさらによくなっていきます。まわりの人への配慮ができるようになるので、今まであなたに反感を買っていた人も味方につけられるようになるでしょう。

テーブルに5本の花を飾りましょう。花のエネルギーで部屋の気が上がり、なごやかなムードをかもし出します。また、みんなと歩調を合わせられるようになり、目標へ向かって進むための協力態勢が整うでしょう。

(ラッキープレイス) **コンサート会場 ／ 講演会場 ／ 寄席**

大きな武器である話術を磨くために、ぴったりの刺激を与えてくれる場所です。個性を伸ばして、さらにジャンプできます。

あなた自身は、ただ相手を喜ばせようとして何げなくいったことが、裏目に出てしまうこともあるものです。自分の話術を過信しないこと。「沈黙は金なり」という言葉を、心にとめておきましょう。

仕事大好き人間なので、恋愛への関心が低くなりがちに……。恋人よりも仕事をとって、あとで泣きを見ないようにしましょう。

健康に関して

● 足腰重点のストレッチを日課にして筋力アップを。
● のどが弱点。うがいとマスクは忘れずに。

ラッキーカラー	バイオレット ／ グリーン

独特の感性をますます強化するバイオレット。インスピレーションがこれまで以上にわくようになり、カリスマ性に磨きがかかります。バイオレットで直感力を研ぎ澄ませば、他を圧倒するようなすばらしいアイデアをどんどん生み出せるはずです。煮つまったときに、バイオレットのカクテルやグレープのキャンディーを口にすると、いいひらめきが生まれますよ。

グリーンは、周囲とのバランスをとってくれる色。協調性を強化するので、悪目立ちして反感を買うのを防ぎ、誰からも好かれる友好的な雰囲気をプラスしてくれます。疲れたときは、近くの植物に目をやると、リラックスして人に優しくなれるでしょう。

ラッキーアイテム	星や月のチャームつき ブレスレット

星や月のモチーフがついたブレスレットがツキを呼びます。唇形のモチーフや、アンクレットも吉アイテム。

向いている職業

声優 ／ 弁護士 ／
司会者 ／ 振付師 ／ アナウンサー
通訳 ／ 映像クリエイター

　非凡な発想力を生かし、芸術の分野で多彩な才能を発揮できる23日生まれ。芸術・芸能関係全般において突出したカリスマ性を発揮できますが、特に映像の分野や人前で話す仕事では早く芽が出るでしょう。

　声優や司会者などのほか、アナウンサーや通訳など「しゃべりのプロ」として活躍できます。

　また、映像センスが抜群にいいので、映像クリエイターとして独自の作品を発表して業界の注目を集めることも可能です。

　何もないところから新しいものを生み出すことが得意なので、ユニークな才能が必要とされる振付師も適職。

　凡人にはなかなか通過できない「狭き門」を通過して、憧れの職業につける可能性は十分にあります。その恵まれた才能を生かして、大きな夢を叶えてください。

23 日 生 ま れ の 有 名 人

★ジャイアント馬場（元プロレスラー）
★葉加瀬太郎（ヴァイオリニスト）
★川村カオリ（歌手）
★徳川綱吉（江戸幕府第5代将軍）
★中島みゆき（ミュージシャン）
★亀梨和也［KAT-TUN］（タレント）
★森山直太朗（ミュージシャン）
★織田信長（戦国武将）
★南野陽子（俳優）
★佐田真由美（モデル）
★稲葉浩志［B'z］（ミュージシャン）
★中山雅史（元プロサッカー選手）
★叶美香（タレント）
★矢部浩之［ナインティナイン］（お笑い芸人）
★はしのえみ（タレント）
★笑福亭鶴瓶（落語家）
★設楽統［バナナマン］（お笑い芸人）
★近藤春菜［ハリセンボン］（お笑い芸人）

★阿部サダヲ（俳優）
★岡江久美子（俳優）
★山崎まさよし（歌手）
★石川佳純（卓球選手）
★加藤綾子（アナウンサー）
★ダニエル・ラドクリフ（俳優）
★村上淳（俳優）
★鈴木杏樹（俳優）
★樫野有香［Perfume］（ミュージシャン）
★小原正子［クワバタオハラ］（お笑い芸人）
★渡辺直美（お笑い芸人）
★ムロツヨシ（俳優）
★トリンドル玲奈（モデル）
★小日向文世（俳優）
★相田翔子（タレント）
★芦田愛菜（俳優）
★田中みな実（タレント）

サポートしてくれる人と
タイミングが合わない人

23日生まれをサポートしてくれる人

1日
生まれ

10日
生まれ

　スピード感をもって仕事ができる有能なリーダータイプ。あなたのペースと合っているので、トップを目指してチームを組むにはベストな相手。あなたが1日生まれを上手にフォローし、成功を収めることができるでしょう。

　実務能力はピカイチでテキパキ物事をさばけるのに、グチが多い人。しかし、あなたならそのグチを上手に受け止めてプラスに変えられます。それが訓練となり、トークがより洗練されるでしょう。

23日生まれとタイミングが合わない人

23日
生まれ

?

27日
生まれ

　同じ誕生日で個性の強いカリスマ同士なので、反発し合います。当人たちは意識していなくとも、人気の奪い合いから縄張り争いの様相を呈することもあります。近くにいるとお互いのよさが相殺されてしまうので、住み分けが大事です。

　切れ味鋭い剣で物事を切りまくる合理主義者。情に流されることはありません。盛り上がりかけたあなたの話を「あ、そう」と、つれない返事でスパッと断ち切ることも。一緒にいると、あなたの長所を発揮する場面が少なそうです。

DAY 24日生まれ

シャーマン型

全体運

　24日生まれはなぜか金運に恵まれる人が多いです。また、ものや人との縁も強く、玉の輿に乗ったり仕事運に恵まれたりして、経済的に恵まれた生活を送ります。**ガツガツしなくても、お金から好かれる運を持った人です。**

　かもし出す雰囲気や人柄にも、どことなくセレブ感が漂います。口数が多いほうではないのですが高貴さがあり、一挙手一投足に育ちのよさがにじみ出て、人とは違う品格を感じさせます。あなたが話しだすと人はなぜか耳を傾けてしまうでしょう。

　生活がギリギリになるということがほとんどなく、たとえそのようになったとしても、徐々に整っていき、気がついたら元通りになっているでしょう。さらに、恋愛運や家族運も上々です。そんな幸運もあなたにとっては当たり前なので、ときどき普通の人の気持ちがわからず、とんちんかんな言動をしてしまうことも。あなた自身には悪意などなくいつも通りにふるまっているのに、人によっては「何サマ!?」と思われることもありそうです。

　特に、金銭感覚は人と違うことが多く、一緒に買い物や食事をすると、驚かれることがあるかもしれません。普通の人なら「えっ!」と驚く値段のものを大人買いして、引かれることもありそう。

　とはいえ、人柄がいいので「あの人だから仕方ないよね」と許してもらえることのほうが多いでしょう。**あなたのよさは、恵まれた環境を鼻にかけず、誰にでも惜しみなく優しさを注げるところ。**直感や霊感にもすぐれていて、運気の流れを読む力もあります。

◉見守り梵字

「ガッツ」や「根性」を身につけると、より強力に！ 生まれ持った強運を大切にして、順風満帆な人生を味わいつくしてください。

注意すべきこと

リッチな境遇や運のよさといった天からのギフトは、損得勘定で動き始めたとたんに目の前から消え去っていくと心得ておいたほうがいいでしょう。

いつも、心からの優しさをまわりに対して注げるあなたですが、幸運はそのごほうびのようなもの。そこに、欲や執着心が入ると運の流れが変わってしまうのです。「自分は、こうしたい！」とこだわり始めたとたん、運気が落ちてしまいます。特に、お金に関しては心配のない運命なので、「もっと稼ごう」と欲を出さないこと。そんな発想はあなたに似合いません。

それよりも、**いい音楽を聴いたり美しい絵を見たりして、美に対する感覚を磨いておくことのほうが大切**です。美的センスが磨かれると直感力も高まり、運を引き寄せる力が強くなります。

自分自身の美もおろそかにせず、美しさに磨きをかけましょう。24日生まれは、太り始めると運が逃げていくという性質を持っています。体重管理も怠りなく。

また、恵まれすぎていて苦労したことがないだけに、自分の何げない言動がひんしゅくを買ってしまっても気づきにくいかも。必要以上に気にすることはありませんが、ときにはまわりの反応を意識してみるのもいいかもしれません。

恋愛に関して

社会的地位も経済力もあり、性格的にもパーフェクトに近い相手から好かれやすい体質です。初めはそれほどでなくても、次第に頭角を現し、財を築ける人とつき合うことも多いでしょう。結婚相手に経済力があるので何不自由ない暮らしをすることも可能ですが、あなた自身にも稼ぐ力があるので、夫婦でリッチな生活が楽しめます。

そんな金運や仕事運の強い人との縁は、生まれ持ったもの。好きになった人がたまたまそうだったり、相手からあなたにアプローチしてきたりして、あなたが意識してつかみとったものではないはずです。なので、今後も「年収の高い相手を選ぼう」「少しでも条件のいい人にしよう」などと思わないこと。**あなたの慈悲深さや惜しみない想いが、すばらしい相手を呼んでくれる**のだということを覚えておいてください。

◇ LUCKY ◇

ラッキーナンバー **6**

先祖や神仏からの加護が強くなる「6」は、あなたの運のよさをますます強化。災難から身を守り、ビッグチャンスに恵まれやすくなります。「6」の影響を受けると、先祖への感謝の念や慈悲の心が自然とわき上がり、さらに強く守られるようになるでしょう。お金への執着が出そうになったとき、本来の優しいあなたに引き戻してくれる働きもあります。

水やお茶を飲むときには、6回に分けて飲んでみましょう。あなたを守ってくれている存在に「ありがとうございます」と感謝しながら飲むと、数字の守護力がより強化されます。

ラッキープレイス **ジュエリーショップ ／ 夜景のきれいな場所**

キラキラした輝きのある場所で金運や結婚運をより確かなものに。高級デパートやファッションビルで、最先端のおしゃれもチェックして。

恋愛パターンは、どちらかというと淡泊なほう。ほれっぽいのですが冷めるのも早く、執着心がありません。基本的にあっさりしているので、過剰なベタベタはナシ。いい距離感でつき合えます。ただし、想いにあふれていないと長続きしない正直なタイプなので、自分自身の気持ちを、はっきりと見極めてからおつき合いを始めましょう。

健康に関して

- 野菜多めの献立でヘルシーな食生活を心がけて。
- 適度な運動で便秘予防と基礎体力づくりを。

ラッキーカラー　　ホワイト ／ ゴールド

クリアなエネルギーを持つホワイトは雑念を振り払い、ピュアな状態にしてくれます。あなたの場合、ホワイトのものを単体で持つのではなく、ホワイト×ゴールドの組み合わせで使うのがおすすめです。ゴールドは豊かさや幸せを運ぶ色。さらなるラッキーを引き寄せ、より優美な印象を与えてくれます。

ホワイトにゴールドの金具のついたバッグを持ったり、白い服にゴールドのアクセサリーを組み合わせるとセレブな雰囲気がいっそう強調され、気品が高まります。運勢全般がさらに安定するでしょう。

ラッキーアイテム　　キラキラグッズ

スワロフスキービーズのついたペンや鏡、品よく輝くアクセサリーなどのキラキラパワーで金運と結婚運が急上昇するでしょう。

向いている職業

アロマセラピスト／ストーンセラピスト／モデル／スタイリスト／公認会計士

　感覚が鋭いシャーマン体質のあなたは、腕ききのセラピストとして活躍できます。特に、香りと石に対する感性が人一倍強く、クライアントのニーズに合わせたヒーリングが評判になるでしょう。

　もともと運に恵まれたあなたは仕事運も強力。人目につくセレブっぽい外見を生かしたモデルや美的センスを生かせるスタイリストなど、誰もが憧れる華やかな職業、経済的に安定した職業につける人です。

　また、生まれながらにしてお金に縁があるので、公認会計士なども向いています。

　基本的には無欲でいることが幸運を呼ぶ秘訣ですが、仕事の場面であまりにも浮世離れしていて実務面をおろそかにすると、周囲からの評判を下げかねません。状況によっては、ある程度シビアに計算して動くことも大切です。

24 日生まれの有名人

- ★尾崎将司（プロゴルファー）
- ★草野仁（キャスター）
- ★岩佐真悠子（タレント）
- ★天野ひろゆき［キャイ〜ン］（お笑い芸人）
- ★原田泰造（ネプチューン）（お笑い芸人）
- ★綾瀬はるか（俳優）
- ★大鶴義丹（俳優）
- ★中村俊輔（元プロサッカー選手）
- ★吉本ばなな（作家）
- ★相沢紗世（モデル）
- ★岸紅子（美容アナリスト）
- ★筒井康隆（作家）
- ★羽田美智子（俳優）
- ★小林カツ代（料理研究家）
- ★及川光博（俳優）
- ★木村カエラ（歌手）
- ★石原さとみ（俳優）
- ★相葉雅紀［嵐］（タレント）
- ★持田香織［Every Little Thing］（歌手）
- ★小林聡美（俳優）
- ★哀川翔（俳優）
- ★野々村真（タレント）
- ★植草克秀［少年隊］（タレント）
- ★坂本昌行（タレント）
- ★田中マルクス闘莉王（元プロサッカー選手）
- ★水川あさみ（俳優）
- ★くわばたりえ［クワバタオハラ］（お笑い芸人）
- ★西内まりや（俳優）
- ★永野芽郁（俳優）
- ★入江陵介（競泳選手）
- ★井岡一翔（プロボクサー）
- ★羽鳥慎一（アナウンサー）
- ★高嶋ちさ子（ヴァイオリニスト）
- ★スギちゃん（お笑い芸人）
- ★LiSA（歌手）

サポートしてくれる人と
タイミングが合わない人

24日生まれをサポートしてくれる人

9日生まれ GOOD **15日生まれ**

センスがよく天性のインスピレーションを持った目立つ存在。9日生まれの斬新なアイデアやひらめきがあなたの感性を刺激し、プラスの方向へと導いてくれます。無理せず、のびのびとした気持ちでつき合える相手です。

あなたと同じように生まれながらの運に恵まれた幸せ体質の人。人一倍優しい性格なので、一緒にいると優しくなれるでしょう。お金やものに執着しそうになったときに、本来の慈悲深さを思い出させてくれる人です。

24日生まれとタイミングが合わない人

4日生まれ ? **22日生まれ**

堅実に努力することができるのに土壇場で飽きてしまうことがあり、あなたをあぜんとさせるかも。物事にあまりこだわらない性格なので、つき合いやすいかもしれませんが、仕事相手としてつき合うなら巻き込まれないように注意しましょう。

エネルギッシュでまじめな人ですが、短気で攻撃的なところがあります。あなたは普通にしているのに、なぜかからまれやすいかも。競争をしかけられることもありそう。うかつに乗ってしまうと、あなたの評価を落としかねないので注意。

DAY 25日生まれ

グレート型

全体運

　誰に対しても優しく面倒見のいいあなたは、お母さんのようなあたたかさで相手に接することができる人。人間的な器が大きく、誰からも慕われているでしょう。その慈愛の精神は、動物、自然などどんな存在に対しても分けへだてなく発揮されます。**私利私欲のない純粋な心を、惜しみなく周囲に与えることができる貴重な人**です。

　ただむやみに優しいだけでなく、大人としての常識や賢さもあるので、リーダーとして活躍する場面も多そう。チームでは、こまやかな気配りでメンバーをケアしながら、仕事も手がたくこなしていけます。

　常にどっしりと落ち着いていて、洞察力や判断力にもすぐれたあなた。弁も立ち、戦うべきところと引くべきところをしっかりわきまえています。**母親的な優しさと武将のようなたくましさを兼ね備えた懐の深い人間性で、人望を集めている**はずです。

　ただし頼られると、わが身を省みず人にエネルギーを注ぎ、自分のことがおろそかになってしまうこともありそうです。人の植木鉢には一生懸命水をあげているのに、自分の植木鉢はカラカラということはありませんか？　また、ときには世話を焼きすぎてうっとうしがられたり、裏切られたりしてショックを受けることも。人の面倒を見るのも大切ですが、まず自分自身に気をつかい、ストレスケアをしていきましょう。他人に与えるだけでなく、自分への「ごほうび」を忘れずに上手にバランスをとりましょう。

　しかし、たとえ傷ついたとしても、また歩き出せる強さがあるので大丈夫。どんなときも優しさを忘れないあなたは、たくさんの人に囲ま

◉見守り梵字

れ、感謝される人生が約束されています。

注意すべきこと

植物に水や肥料をやり育てていくように、人に対して愛を根気よく注げるあなた。忍耐力や情の深さがなせるワザですが、行きすぎは危険です。相手を「甘やかすこと」になり、相手をダメにしたり、裏切られたりすることもあるようです。

　ただ、盲目的に相手を応援することだけがよいとは限りません。しおどきを教えてあげたり、ときには突き放したりするほうが、よい結果につながることもあるもの。**相手のことを本当に思うのなら、資質や性格もきっちり見てアドバイスする判断力と厳しさが必要**です。そうすれば、枯れ木に水をやり続けるなど労力をムダにすることもなくなるでしょう。

　また、優しすぎるのでつい手を貸したくなり、誰彼なしに世話を焼いてしまうのですが、ひとり相撲に終わることもあるかも。

　我慢強い性格なので、自分のやったことが裏目に出ても、投げやりになったりとり乱すことはありませんが、心が折れそうになることもあるかもしれません。

　そんなあなたには、折に触れて自分に「ごほうび」を与えることをおすすめします。自分だけのためにたっぷり時間をとり、心ゆくまで楽しみましょう。心身ともにリフレッシュすることも大切です。

恋愛に関して	恋愛には慎重で、ひと目ぼれはしない タイプ。好きになるまでに時間がかかり ますが、情が深いため、いったん好きに なるとひたすら思い続けます。

面倒見のいい性格なので、相手の世話を焼いたり、相談に乗っている
うちに、いつの間にか恋愛関係に発展するパターンが多そうです。仲の
いい友達を次第に好きになり、恋人に昇格することもあるかも。

相手を幸せにしたいという気持ちが強いので、つき合い始めると自分
のことはさておきパートナーにつくします。誠実に受け止めてくれれば
いいのですが、相手が悪いと利用されて終わることも。恋愛において
も、理性的な判断力が問われるようです。

**優しい言葉やルックスに惑わされてつき合ったり、情にほだされダメ
な相手と知りながらかかわり続けたりしないようにしましょう。特に、**

◇ LUCKY ◇

ラッキーナンバー **17**

状況を見極める明晰（めいせき）さと判断力を養う「17」。シビアに物事を決断できるように
なるので、情に流されがちなときにぴったりです。自分の個性をはっきり打ち出す
のにも役立ち、いい意味で自分中心に立ち回れるようにしてくれます。集中力が高
まり、ムダな応援ではなく、本当に必要な人に「実り」ある応援が届けられるよう
になります。

仕事や人づき合いに疲れたら、丁寧にいれたお茶とおいしいお菓子で17分間の
ティータイムを。エネルギーが一新され、判断力、集中力が増すでしょう。

ラッキープレイス **温泉 ／ エステサロン ／
マッサージサロン**

日ごろ、人のことばかり考えているので、ときにはごほうびタイムで自分癒やし
＆自分磨きを。開運力がアップし、チャンスを引き寄せます。

「自分がいなければ」という義務感や同情から、性格や境遇に問題がある人と交際をズルズル続けるのは危険。共倒れになってしまいます。

　しかし、相手選びさえ間違えなければ、あとは心配ありません。あなたの後押しがあれば、相手は思いきり自由に能力を発揮できます。あなた自身もパートナーによって心が安定し、人間的に成長できるでしょう。

健康に関して

●カゼからくる気管支系のトラブルには要注意。
●粗食と早寝早起きが健康のポイント。

ラッキーカラー　　　マゼンタ ／ グリーン

　マゼンタ（明るい赤紫）は、あなたの母親的な優しさをよりいっそう深めてくれます。マゼンタの力によって、どのように行動すれば自分にとっても相手にとってもベストかを判断できるようになるでしょう。美意識を高める効果もあるため、自分磨きにはもってこいです。

　グリーンは疲れたあなたを癒やし、バランスのよさをとり戻させてくれる色。リラックスしてまわりと歩調を合わせながら自分らしくふるまえるようになります。

　グリーンもマゼンタも、母親のような優しさと平和を表す色。あなただけでなく、あなたにかかわる人にとってもよい効果をもたらすので、洋服やアクセサリーなど、目に見えるところで使っていきましょう。

ラッキーアイテム　　　上質なタオル

　お風呂上がりは、ふわふわのタオルで自分を優しく包み癒やしてあげるといいでしょう。肌ざわりのよさで選ぶのがポイント。

| 向いている職業 | パティシエ ／ フードコーディネーター ／ 編集者 ／ 通訳 ／ 理学療法士 |

とてもあたたかい気質を持つあなたは、お菓子づくりや料理が大好き。そんな側面を生かして、パティシエやフードコーディネーターなど料理関係の職業につくと、趣味と実益を兼ね、同時に才能も生かせるでしょう。

知的で物事をまとめる力があり、状況をすべて把握しながら臨機応変に対処できるので、編集者も適職。また、2つの言語に精通し正確に伝えられる能力が必要な通訳の仕事も、人の気持ちを察知して的確な情報を届けられるあなたなら問題なくこなせます。

理学療法士は、相手のニーズを理解し、確かな知識に基づいて情報を提供し、支援する仕事。高度な能力が求められますが、知性・人格ともにバランスのとれたあなたならぴったり。

仕事を通してまわりの人に対する感謝の気持ちを表現していくあなたには、たくさんの「徳」が返ってくるでしょう。

25日生まれの有名人

★竹原慎二（元プロボクサー）
★皆藤愛子（キャスター）
★有野晋哉［よゐこ］（お笑い芸人）
★織田信成（フィギュアスケート選手）
★江川卓（元プロ野球選手）
★上野樹里（俳優）
★愛川欽也（タレント）
★松居一代（俳優）
★松浦亜弥（歌手）
★ジャガー横田（プロレスラー）
★高島礼子（俳優）
★岡田武史（元サッカー日本代表監督）
★真琴つばさ（俳優）
★塚地武雅［ドランクドラゴン］（お笑い芸人）
★橋本麗香（モデル）
★櫻井翔［嵐］（タレント）
★浅田真央（プロフィギュアスケーター）
★鶴田真由（俳優）

★石田ひかり（俳優）
★小倉智昭（タレント）
★寺脇康文（俳優）
★多部未華子（俳優）
★越智志帆［Superfly］（歌手）
★はいだしょうこ（タレント）
★内山信二（タレント）
★椎名林檎（歌手）
★武井咲（俳優）
★フィフィ（タレント）
★平手友梨奈（俳優）
★あばれる君（お笑い芸人）
★大悟［千鳥］（お笑い芸人）

サポートしてくれる人と タイミングが合わない人

25日生まれをサポートしてくれる人

5日
生まれ

16日
生まれ

ハッピーオーラ全開で誰からも好かれる人。思いやりがあってあなたの話をいつも楽しそうに聞いてくれます。いつもは聞き役のあなたなのに、5日生まれといると聞いてもらう立場に。話しているうちに心が安らぎ、新たな発見ができるでしょう。

責任感が強く頼れる人。あなたが母親なら、16日生まれは父親のような厳しさでみんなを守ります。相手のことを思って切るべきところはばっさり切る、本当の優しさを学べるでしょう。お互いに信頼できる間柄です。

25日生まれとタイミングが合わない人

10日
生まれ

26日
生まれ

何事にも一生懸命とり組み結果を出せるのですが、グチり屋さん。あなたにグチを聞いてもらいたいので、なつかれます。でも、たび重なるとダメージになるかも。どんより重い気分になり、ストレスがたまる相手です。

感情豊かですが、その分、気分がめまぐるしく変わる相手。あなたが世話をしたりフォローを入れたりしても、ムダになることが多そう。振り回されて疲れきってしまう前に、賢明な判断を。

26日生まれ

ストロンガー型

全体運

新しい物事に対して目端がきき、高い情報収集能力を持っています。また、**流行や社会の動きに敏感で、知的好奇心も旺盛**。集めた情報をそのままにせず上手に生かし、多彩な才能を発揮するでしょう。

興味があるものにはためらうことなく飛びつき、なんでもモノにしてしまうので多芸多才です。ひとつのところにじっとしていたり、時間をかけてとり組んだりするのはあまり好きではありませんが、関心の幅が広く、世の中の動向に通じている人です。

情緒が豊かで、自分の気持ちにいつも正直。思ったまま喜怒哀楽を表しますが、感情の振り幅が人より大きいため、気分屋さんに見られてしまうかも。今ケラケラ笑っていたかと思えば、次の瞬間には伏し目がちになったりして、周囲を戸惑わせることもありそうです。

一度決めたことに対して迷いが生じると、ひたすらジグザグと迷走してしまうことも。とりわけ、人からちょっときつく言われたり、方針を批判されたりすると、とたんにシュンとしてしまいます。いったん落ち込むと右往左往し、エネルギーを消耗してしまいそう。

そのかわり、ほめ言葉をかけてもらうと、すぐ元気百倍に。ほめられるのが励みになりがんばれるので、どんどん成長していけます。典型的な「ほめられて伸びるタイプ」です。

本来は、体力も気力も人並み以上にあり、しっかりした芯も持っているあなた。好奇心が強いのも、いつも一生懸命で自分の気持ちに正直なのも素敵な長所です。感情のバランスを上手にとって、自分のやりたい

●見守り梵字

ことを見極めていくと、大飛躍を遂げることができるでしょう。

注意すべきこと

惜しいのは、気分にムラがあるため本領が発揮しづらいところ。あなたの才能を開花させるためには、**感情の起伏をコントロールする**ことが**最重要課題**。いつものあなたは、気分が落ち始めるとまわりを巻き込んでどん底まで落ち込み、好調なときはわが世の春とばかりに大はしゃぎ。これでは近くにいる人が、振り回されて大変です。

感情のアップダウンは、人の言動が引き金になっていることが多そう。他人の言葉に左右されやすい面があると自覚することがキーポイントです。まわりからどう思われているかは気になる部分だと思いますが、**目標をしっかりキープして、自分の芯をより強固なものにしましょう**。

また、ついつい自分をよく見せようとして実力以上のことを引き受けてしまい、にっちもさっちもいかなくなることも。やる気があるのも、自分に自信を持つのもいいことですが、実力をわきまえていなければ自信過剰と思われても仕方ないかも。安請け合いは禁物ですよ。

いつもは弱みをあまり人に見せないあなたも、心の中ではそんな自分の傾向に気づき不安を感じているのかもしれません。そんなとき心をほぐしてくれるのは、リラックス効果のあるアロマオイルです。香りはダイレクトに脳を刺激し、感情のバランスをとってくれます。上手に使って自己コントロールし、本来の才能を輝かせていきましょう。

恋愛に関して

次に何をするかわからない意外性と、豊かな感情表現があなたの魅力。つい面倒を見てあげたくなる危なっかしさもあり、「目が離せないな」「何かしてあげたいな」と相手に思わせるタイプです。

相手から告白されることのほうが多く、自分から一途に思いつめることは少なそう。恋愛においても気持ちが定まらないところがあり、「自分は、ひとりで生きていく！」と意気込んでいたのに、10分後には「やっぱり支えてくれる人が必要かも」と考え直すことも。そんな迷いは相手選びにも表れ、ひとりの人とじっくりつき合うよりも、**いろいろな人とつき合う中から最終的にひとりを選んでいくというパターンが多いで**しょう。

そのときの気分がものをいうため、つき合うタイプがそのたびに違う

◇ LUCKY ◇

ラッキーナンバー　8

忍耐力や落ち着きを与える「8」は、激しい感情の波を穏やかにしてくれる数字。うわついた気分のときは平常心を思い出させ、落ち込んだときは気分を上げてくれます。

また、精神力と体力を充実させ、目標の実現まで努力できる堅実さを与えます。ここぞというときにがんばれる不動心も備わるでしょう。

いつもポーチに8個のキャンディーを入れて持ち歩きましょう。イライラしたり悲しくなったときにひとつ口に入れると、気分転換になり、不思議と心が落ち着きますよ。平常心を保つのにいい数字なので、気持ちがうわついたときは、ゆっくり呼吸しながら8秒間静止してみて。

ラッキープレイス　お寺／ホテルのラウンジ

格式と落ち着きのある場所でゆったり時間を過ごしてみて。歴史のある古いお寺の庭園を眺めると地に足がつく効果が。

こともまれではありません。ついこの間まで毛嫌いしていた人と交際を始め、周囲をびっくりさせることも。また、同じ相手の告白にも、一度は「NO」だったのに3週間後には「YES」になることもあり、あなたの恋愛動向は予測不能と評してもいいでしょう。めまぐるしく変わる気分を受け止めてくれるのは、穏やかで落ち着いた人。あなたのペースに惑わされず、いつも同じ態度で接してくれる人を選びましょう。

健康に関して

● 胃腸の不調に注意。食事には気をつかって。
● 定期的にミニストレッチをして腰痛防止。

ラッキーカラー　　ラベンダー ／
ラベンダー×ホワイト

　感情のムラは、ラベンダーで自己コントロールして調整しましょう。少しのことで気持ちがゆらがなくなり、物事に動じない気質になれます。視覚的効果ももちろんですが、香りでもラベンダーをとり入れると相乗効果が得られるでしょう。
　ラベンダー×ホワイトのコンビは、気持ちがネガティブになっているときに助けてくれる組み合わせです。ホワイトで気持ちをゼロに戻し、ラベンダーが優しさと落ち着きを与えます。イヤなことを忘れたいときや悲しみから抜け出したいときは、ラベンダー地にホワイトの花柄や水玉の入った小物を持つといいでしょう。

ラッキーアイテム　　水

　水を持ち歩いてこまめに飲む習慣をつけて。落ち着きと柔軟性が育ちます。自分がおいしいと感じる水がラッキーウオーターです。

| 向いている職業 | スキューバダイビングインストラクター ／ ライフセーバー ／ 政治家 ／ 公務員 ／ 整体師 |

26日生まれは海に関する仕事にひかれる傾向があり、その分野で活躍する人が多数います。体力・気力が充実しているので、スキューバダイビングのインストラクターやライフセーバーなどのタフさが要求される仕事も楽しくこなせるでしょう。

自分をアピールする能力が高く、考えていることをはっきりと主張できる押しの強さを生かして、政治家としても活躍できそうです。また、安定した人生を望むなら公務員としてもしっかり仕事ができます。26日生まれが属するストロンガー型は、腰を中心に調整しながら相手の体を整える能力も持っています。その能力を生かせる整体師もおすすめです。

好奇心が強く器用なので、プライベートと仕事はきちんと切り離して、気分の浮き沈みに左右されないように注意すれば、どんな分野でも一定の成果を上げることができるでしょう。

26 日 生 ま れ の 有 名 人

★所ジョージ（タレント）
★長嶋一茂（元プロ野球選手）
★三浦知良（プロサッカー選手）
★藤本美貴（タレント）
★野村沙知代（タレント）
★後藤久美子（俳優）
★加藤浩次（タレント）
★田中直樹［ココリコ］（お笑い芸人）
★つるの剛士（俳優）
★伊東美咲（俳優）
★小島奈津子（アナウンサー）
★中島知子（タレント）
★天童よしみ（歌手）
★千秋（タレント）
★井森美幸（タレント）
★大野智［嵐］（タレント）
★小栗旬（俳優）
★安野モヨコ（漫画家）

★柳楽優弥（俳優）
★加藤夏希（タレント）
★クリスタル・ケイ（歌手）
★村上信五［関ジャニ∞］（タレント）
★小柳ゆき（歌手）
★hitomi（歌手）
★上原ひろみ（ピアニスト）
★TAKURO［GLAY］（ミュージシャン）
★マツコ・デラックス（タレント）
★丸山隆平［関ジャニ∞］（タレント）
★城田優（俳優）
★綾野剛（俳優）
★綾小路翔［氣志團］（歌手）
★竹内涼真（俳優）
★安座間美優（モデル）

サポートしてくれる人と
タイミングが合わない人

26日生まれをサポートしてくれる人

29日
生まれ

GOOD

31日
生まれ

上昇志向が強く、努力も怠らない人。いつも上を目指しているので、あなたが何をしても気にせず、フラットな態度で接してくれます。トラブルになったり反感を買ったりすることもありません。自分磨きの姿勢も学べる相手です。

人望があり、面倒見がとてもいい人。友人も多く魅力的。七変化するあなたの感情を上手に受け止め、大人の対応をしてくれるので安心できる相手です。ひとつの目標として謙虚な気持ちで生き方を見習うと、大きく成長できます。

26日生まれとタイミングが合わない人

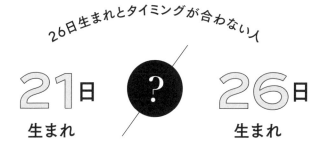

21日
生まれ

?

26日
生まれ

スピード感ある仕事ぶりでまっすぐ目標に向かいたい人なので、迷いがちなあなたとは対照的。21日生まれの子どもっぽいところも、あなたには不快かも。お互いに好意を抱きにくいため、協力関係は結びにくいでしょう。

話題はいつも右往左往し、迷走したまま終わってしまいます。お互いに感情にまかせて好きなことをしゃべっているだけで、かみ合うことがありません。2人で話していても空転するばかりで、いつまでたっても答えが出せない組み合わせ。

27日生まれ

エリート型

全体運

いつでも冷静沈着。切れ味鋭い剣でどんな難問もスパッとなぎ倒し、解決していきます。明晰な頭脳で、合理的に物事を決断できる人です。

理知的でクール。感情に流されることはほとんどありません。警戒心が強く、いつもシビアな目でまわりを観察し、自分なりの確信を得てから行動します。「エイヤ！」と見切り発車した末にクラッシュするような失態は、あなたの日常には起こりえないでしょう。

いったん結論を出したことには迷いがなく、不本意な結果が出てもグズグズ後悔することもありません。**どんなときもクリアな知性をもって状況をとらえ、気分の切り替えができる**人です。

はっきりとした主張があり、それがいつも核心をついているため、判断に迷ったときにあなたを頼ってくる人も多いはず。ただし、あなた自身は、いつまでも決断できない人や回りくどい物言いをする人は苦手。批判精神も旺盛なので、いつまでもウジウジ悩んでいる人を一刀両断してしまうことがあるかもしれません。

しかし、たとえ場の空気を悪くしてもあまり気にせず、自分のスタイルを貫きます。四六時中、誰かとつるんで安心するタイプでもないため、仕事では一目置かれ頼られても、プライベートは少々味気ないといえそう。ひとり遊びが得意な面があり、寂しさはさほど感じていないかもしれませんが、まわりの人間関係も大切にすると、毎日に潤いが出てくるでしょう。

目指すポイントに向かって、ジャマなものを切り払って勝ち上がる力

◉見守り梵字

は最上級レベル。あとはちょっとした親切心や遊び心が持てるようになると、人間的なおもしろみや深みが加わり、楽しく成長していけますよ。

注意すべきこと

悪気はないのですがはっきりものをいいすぎて、損をしていることがあります。せっかく会話がはずんでいるのに、あなたのひと言でシーンとなってしまったり、落ち込んでいる人にピシャリと厳しい言葉を突きつけ、さらに落ち込ませたり……。そんなことが重なって「冷たい人」「怖い人」と思われているかも。

あなたは、決して間違ったことをいっているわけではありません。むしろ、人はあなたの発言を聞いてハッとしたり、「なるほど」と納得しているでしょう。ただ、そこに相手への思いやりや周囲への気づかいが足りないために、感情の摩擦が起こってしまうのです。

もしかしたら「私は私だから、これでいい」と腹をくくっているのかもしれませんね。しかし、**今のあなたにやわらかさや人づき合いのよさが身につくと、運気が一段と上がります**。頭のよさに加えて、人から盛り立ててもらえる運が加わり、スピードアップできるのです。

ムダ話も、コミュニケーションを円滑にしたり新しいアイデアを生むためには必要です。ときには自分から話題を提供してみたり、冗談をいってみるといった遊びの部分をつくってみましょう。また、苦手かもしれませんが、人に弱みを見せたり甘えたりするのもいいでしょう。まずは、誰かと話しているときにニコッとほほ笑んでみては。

恋愛に関して

恋愛自体にそれほど興味があるほうではなく、さっぱりしています。人を好きになっても、めったなことでは自分からアプローチしません。好みもかなりはっきりしています。

人に合わせるのは苦手なので、つき合う相手も自分色に染めたいほう。パートナーができると、ファッションやデート場所のセレクトから髪の色や食べ物の好みにまでうるさく口を出してしまいそうです。黙って受け入れてくれる草食系の相手ならいいのですが、自己主張の強い相手だったらバトルが始まってしまうでしょう。自分の思い通りにならないときは「あ、そう。じゃあね」と、冷たくあしらってしまうこともあります。

でも、外ではツンツンしていても、2人だけのときは甘えん坊になる

◇ LUCKY ◇

(ラッキーナンバー) **31**

「31」は、人望を得て成功していくためにとても大事な数字。ちょっと近寄りがたい印象を与えてしまうあなたがこの数字を活用すると、親しみやすさが生まれ人気運が上がります。また、心にも余裕が生まれ、まわりの状況を見通してその場に合った態度がとれるように。今まではプライドがジャマしてできなかったことも、バランスよくできるようになるでしょう。

駐車場や駐輪場を利用するとき、靴箱やロッカールームを使うときは、意識して「31」を選ぶようにしてください。数字自体が強力なツキを呼ぶパワーを発しているので、チャンスにも恵まれやすくなりますよ。

(ラッキープレイス) **ハーブ園 ／ 植物園**

色鮮やかな花や植物のグリーンをめで、心身をリフレッシュ。心が潤い、対人運、恋愛運が上がります。

ツンデレな面も。使い分けを上手にして、相手の好みも少しは受け入れるといつまでも新鮮な気持ちでつき合えるでしょう。独立心が強いので、面倒を見るのも見られるのも嫌い。**志の高いパートナーと、お互いに自立しながら、それぞれの目標に向かって助け合い成長できる恋愛がベスト**です。

健康に関して

- 肩こり、頭痛にはツボ押しとセルフマッサージを。
- アレルギー性鼻炎や気管支系のトラブルに注意。

ラッキーカラー　　オレンジ ／ マゼンタ

あたたかい印象を与えるオレンジで、優しさや明るさをプラス。オレンジを身につけると、親しみを感じさせ、人が向こうから寄ってくるようになります。いつも楽しく愉快な気分で毎日を過ごせるようにしてくれる色です。

マゼンタ（明るい赤紫）は心をホッとさせ落ち着かせてくれます。気持ちがなごみ、イライラをほぐしてくれるので、人に対して余裕ある態度がとれるようになるでしょう。また、美意識を高め、あなたの美しさを引き出す力も持っています。

2色とも人間関係を豊かにするためには欠かせない色。洋服やアクセサリーなど人に見てもらえる部分に用いると、印象が華やぐだけでなく、相手にもよい影響を与えることができますよ。

ラッキーアイテム　　ボールペン

高級なボールペンで仕事運アップ。社交運が上がるオレンジのボールペンとダブルで持つと、さらに開運効果は大。

向いている職業

医師 ／ 薬剤師 ／ 弁護士 ／ 司法書士 ／ キュレーター

あなたは状況を合理的に判断できる決断力で、どんな仕事でもそつなくこなしていけます。特に、医師や薬剤師など、高い判断力と知性、正確性が求められる職種は、あなたの冷静さをフルに生かせるでしょう。

また、情に流されることなく論理的に物事を考えられるので、優秀な弁護士になれる能力も。実務処理能力の高さが必要な司法書士としても、テキパキと手ぎわよく仕事を進めていけるでしょう。

美術展の企画を行うキュレーターのように、ひとつのコンセプトに沿って、たくさんの要素をとりまとめ、ムダなものをそぎ落としていくのも得意。まわりの雑音に迷わされることなく、本来の目的に沿った企画を成功させる力があります。

あなたはとにかく仕事ができる人。思った通りに自分の道を進んでいけば問題はありませんが、まわりの人へのちょっとした優しさも大切にしていきましょう。

27日生まれの有名人

★清水ミチコ（タレント）
★マライア・キャリー（歌手）
★青木さやか（タレント）
★松野明美（政治家・タレント）
★中曽根康弘（政治家）
★内藤剛志（俳優）
★山根良顕［アンガールズ］（お笑い芸人）
★優香（タレント）
★八嶋智人（俳優）
★中田敦彦［オリエンタルラジオ］（お笑い芸人）
★小西真奈美（俳優）
★青山テルマ（歌手）
★小室哲哉（音楽プロデューサー）
★浅野忠信（俳優）
★テリー伊藤（演出家）
★奈美悦子（俳優）
★松本孝弘［B'z］（ミュージシャン）
★吉田敬［ブラックマヨネーズ］（お笑い芸人）

★加藤雅也（俳優）
★星野真里（俳優）
★岸谷五朗（俳優）
★アヴリル・ラヴィーン（歌手）
★高嶋政伸（俳優）
★グッチ裕三（タレント）
★徳永英明（歌手）
★遠藤周作（作家）
★佐藤隆太（俳優）
★鈴木杏（俳優）
★岸田繁［くるり］（ミュージシャン）
★本田翼（俳優）
★剛力彩芽（俳優）
★尾形貴弘［パンサー］（お笑い芸人）
★宮根誠司（アナウンサー）
★羽生善治（プロ将棋士）

サポートしてくれる人と
タイミングが合わない人

27日生まれをサポートしてくれる人

15日
生まれ

GOOD

24日
生まれ

感じのよさは抜群。カンがするどく運もいい人。誰に対しても優しいのが特徴で、人づき合いが得意でないあなたにとっても話しやすい相手です。15日生まれのあたたかい人柄に接していると、思いやりや慈しみの心が芽生えるでしょう。

どことなく品があり、境遇や金運にも恵まれています。まわりから「セレブ」と称されるような存在なので、正直うらやましいと思うかも。あなたが目指すポジションに近く、話が合いそうです。

27日生まれとタイミングが合わない人

19日
生まれ

?

29日
生まれ

現実よりも夢を見ているほうが好きな人なので、現実主義のあなたとは水と油。地に足をつかせようと助言をしても、どこ吹く風でいっこうに変わりません。深くかかわると、徒労感だけが残ることになるかも。

自己主張が強い王様タイプ。上昇志向が強く努力家なところは似ているのですが動きが何かと派手なので、ちょっとげんなりさせられそうです。発言のひとつひとつに感情を逆なでされるかも。

28日生まれ

ディベロッパー型

全体運

優秀な頭脳と卓越した実行力を持つリーダータイプ。先頭に立ってチームのメンバーをまとめ上げ、目的に向かって導いていける統率力があります。**責任感が強く、手抜きをせずに何事にも全力で立ち向かっていく人です。**

何もないところに自らの力で道を切り開き、その道の先駆者となれる資質も十分。時代を見通す先見性と、サクサク仕事を進めていける行動力があなたの大きな強みです。

仕事ができるだけでなく、世話好きで周囲へのこまやかな気配りも忘れないため、人気もあります。頭がよくて、がんばり屋さん。そして、誰にでも優しい頼れる存在です。

誰からも信頼され期待されているだけに、抱えるプレッシャーも人一倍。そのため、知らず知らずのうちに無理をしてしまいがちでは？「大丈夫、大丈夫」と我慢を重ねて気力を振り絞った結果、最後の最後で踏んばりきれずダウンしてしまうこともあるようです。第一の原因は体力不足にあります。途中までは精神力で乗り切ることができても、体力を消耗してしまったツケが土壇場で表れ、スタミナ切れに。ここぞという勝負の日にカゼをひいてしまったり、大事なプレゼンの前におなかが痛くなってしまったり、くやしい思いをしたことも多いかもしれません。

本来の実力を思う存分発揮して成功していくためには、「体力づくり」と「ペース配分」がカギとなります。期待をひとりで背負い込み粉骨砕身するのは、もう終わり。人にまかせられる仕事はまかせ、肩の力を抜

◉見守り梵字

くことです。体力をつけながら、ゴールテープを切るときに最高のコンディションでいられるように調整していきましょう。

注意すべきこと

運気アップの秘訣は、一にも二にも、体力不足を補う努力を怠らないこと。体力強化のために、ジムに通って体を鍛えるのもおすすめです。が、その前に、睡眠をたっぷりとること。睡眠時間を削って仕事や勉強をするのは、能率が上がらないだけでなく、体をいじめることになるので禁物ですよ。

　健康を管理するために忘れてはならないのが、食事への気づかいです。「とりあえず口にできればなんでもいい」では、体力は向上しません。**栄養バランスをしっかり考えた食生活を心がけると、免疫力も高まりカゼをひきにくくなる**でしょう。

　体力が上がると、おのずと精神力も充実してきます。いざというときにプレッシャーに負けないタフさが加わり、メンタル面がより強化されるでしょう。また、ペース配分もできるようになり、結果を確実に残せるようになりますよ。

　家族との縁が薄い傾向があるのも、少し気をつけたいところ。親族がからんだトラブルに足を引っぱられたり、家庭内の不和が仕事に影響を及ぼしたりすることもありそうです。親やきょうだいとの不協和音が全体運に影響を及ぼさないように、日ごろから家族間のコミュニケーションをマメにとって、お互いの状態を把握しておきましょう。

恋愛に関して

人よりも頭ひとつ抜きん出ているので、恋愛もどちらかというと派手。受け身でいるよりも、自分から狩りに出かける肉食系です。

ひかれやすいのは、社会的にも経済的にもしっかりとしたポジションにいる人。交際相手の世話を焼くよりも、ともに成長しながら上を目指していきたいと考えます。今後は、**体力的に弱い面のあるあなたをフォローしてくれる人も、視野に入れるといいでしょう**。つき合い始めてからは、主導権を握りたいと考えるほう。恋を始めるのも終わらせるのも自分から、ということが多いのではないでしょうか。特に、相手に見切りをつけたら、決別するのに迷いはありません。マイナスポイントを見つけると別れを即決する傾向があるので、恋愛が長続きしない面もあります。

◇—— LUCKY ——◇

(ラッキーナンバー) **15**

周囲からのサポートを受けやすくなる「15」を活用しましょう。全体運はもちろん、家庭運もアップするので、トラブルを未然に防ぐ効果もあります。また、母親に包まれているような安心感をもたらし、プレッシャーから解放してくれます。

ぬるめのお湯にラベンダーなどのアロマオイルを入れ、15分間ゆっくりつかって一日の疲れをとりましょう。そのときに、家族や日ごろお世話になっている人を思い浮かべて感謝の念を送ると、家庭運のみならず、金運や仕事運も引き寄せることができます。

(ラッキープレイス) **ジム ／ スポーツ競技場**

体力アップできるジムは最適な開運スポット。スポーツ観戦は競技者の気をもらえるので体力・気力ともに充実します。

結婚後は恋愛気分を返上して、現実的になることが円満の秘訣です。お互いになんでも話し合える関係を維持し、寛容な心で相手を受け入れていきましょう。お互いの家族の相性も含めて、ゆっくり時間をかけて相手を見極めることが幸せな結婚生活を招くでしょう。

健康に関して

●手荒れや手のケガ、爪割れなど、手が弱点。
●散歩、ストレッチなどで日常的な体力向上を。

ラッキーカラー　　　グリーン ／ マゼンタ

　健康面でのサポートをしてくれるグリーンは、平和や協調性を象徴し、心を癒やしリラックスさせてくれる色。グリーンのパワーが重圧から心を解き放ち、穏やかな心理状態にしてくれるでしょう。
　グリーンとあわせて使いたいのが、優しさを与えてくれるマゼンタ（明るい赤紫）です。ホルモンバランスを整える効果があり、心身のバランスをとってくれます。マゼンタはレッドとバイオレットの中間色で、活力を出したいときやカンを鋭くしたいときに役立ちます。どちらも精神面と体力面を補強し、実力を発揮していくために必要な色ですが、グリーン6対マゼンタ4のバランスで組み合わせるのがベストでしょう。

ラッキーアイテム　　　パジャマ

　良質なパジャマで安眠し、寝ている間に運気上昇を。マゼンタとグリーンのパジャマが最強の開運アイテム。

| 向いている職業 | コンサルタント ／ ジャーナリスト ／ 薬剤師 ／ 保険外交員 ／ エステティシャン |

行動力と頭の回転の速さを生かした職種で活躍できます。

特に、何もないところから新しいしくみを考えてクライアントに提案するコンサルタントや、取材で各地を回り記事を書くジャーナリストはあなた向き。今まで誰も気づかなかったような視点から、画期的な成果を上げられるでしょう。

責任感が強くスピーディーで正確な仕事ができるので、薬剤師もぴったり。また、活動的なキャラクターを生かした保険外交員としても、よい成績を収めることができるでしょう。

体にまつわる仕事でも能力を生かせるので、エステティシャンとして活躍することもできます。

疲れをため込んでしまう傾向があるので、実力通りの仕事をするためには、ストレス管理と体力づくりにしっかりとり組むことが大切です。

28 日 生 ま れ の 有 名 人

★的場浩司（俳優）
★神田うの（タレント）
★レディー・ガガ（歌手）
★周富輝（料理家）
★田原俊彦（歌手）
★菊川怜（俳優）
★藤原紀香（俳優）
★水野美紀（俳優）
★ビル・ゲイツ（実業家）
★スザンヌ（タレント）
★向田邦子（作家）
★堀内健［ネプチューン］（お笑い芸人）
★松雪泰子（俳優）
★スガシカオ（ミュージシャン）
★新庄剛志（元プロ野球選手）
★乙葉（タレント）
★石田衣良（作家）
★伊武雅刀（俳優）

★若槻千夏（タレント）
★吹石一恵（俳優）
★倉木麻衣（歌手）
★安田成美（俳優）
★寺島しのぶ（俳優）
★三浦友和（俳優）
★市村正親（俳優）
★黒木メイサ（俳優）
★升野英知［バカリズム］（お笑い芸人）
★トータス松本［ウルフルズ］（ミュージシャン）
★星野源（俳優・ミュージシャン）
★菜々緒（俳優）
★生稲晃子（タレント・政治家）
★ホラン千秋（タレント）
★蓮舫（政治家）
★新川優愛（モデル）

サポートしてくれる人と
タイミングが合わない人

28日生まれをサポートしてくれる人

2日
生まれ

18日
生まれ

　有能な秘書タイプ。こまかな心配りができる名サポーターとしてあなたをアシストしてくれます。落ち込んだときに勇気づけてくれたり、適切な助言をくれたりしてメンタル面でのフォローもしてくれる人。2日生まれの優しさに甘えてみては？

　安定感バッチリのがんばり屋さん。追いつめられると底力を発揮します。めげそうなあなたを気づかって、一緒に上を目指そうと引っぱり上げてくれるので、協力し合いながら目標に向かって進んでいけるでしょう。

28日生まれとタイミングが合わない人

17日
生まれ

26日
生まれ

　決めたことは必ず達成させる強さを持っている人。タレント性があり目立つ存在です。悪意はないのですが、人目を引くので同じ仕事をしてもあなたの苦労は報われず、17日生まれだけが称賛されることも。手柄を奪われないように。

　感情の起伏が激しく迷いが多い人なので、振り回されたら大変。オロオロしているうちに、あなたがダウンすることに。また実力以上のことを引き受けて失敗することもあるので、仕事を頼むときは注意が必要です。

29日生まれ

ドリーマー型

全体運

「普通はイヤ、スペシャルな何かが欲しい！」と努力し続ける人。美しいもの、高級なものへのこだわりが人一倍強く、一度欲しいと思ったものを手に入れるための労力は惜しみません。そんな自分の姿勢を公にして**堂々とした自信にあふれているあなたには、人とは違う貴族的な風格が漂っています**。

平凡なものは鼻にもかけず、なんでも一流でないと気がすまない性格は、まわりには「ちょっとお高くとまっている人」という印象を与えるかもしれません。

しかし、今いるポジションには決して安住せず、望むものをつかむために人知れず自分を磨き、精進し続ける姿はあっぱれ。常に上のランクを目指すその姿は、水面下で懸命に水かきを続ける白鳥のよう。理知的な判断ができ、夢を叶えるには実力をつけなければならないとわかっているので、願望を成就できる確率は非常に高いでしょう。

仕事面でも、相当やり手。気配りのできる実力派です。機転がきき、直感も鋭いので臨機応変に話題を変え相手の心をそらさない器量も備えています。ところが、関心事が普通の人と違うため、たまに会話のレベルがかみ合わないことも。ハイクラスな話題ばかりだとそっぽを向かれてしまうので、メンバーを意識して話題を振りましょう。どんなに能力があっても、ひとりでは何事も成しえません。敵を増やさないように心がけることが重要です。

あなたの最大の関心事は、自分に磨きをかけ上昇していくために何ができるかということ。その一点において迷いがなく、実力もカンもあ

◉見守り梵字

り、何より努力できる人なので、遠からず目標は達成できるでしょう。

注意すべきこと

上昇志向、高級志向は、あなたの生き方の根幹を成すもの。人づき合いにもその志向が顔を出し、**相手を自分と比べて、ランクづけしてしまうことがあるよ**うです。

自分より下だとみなした相手には、見下したような言動をとりがちですが、同ランクかそれ以上と判断した相手には友好的。わかりやすい対応にあぜんとされることがあるかもしれません。

困るのは、それをまったく意識できていないところ。あなたの強い個性に憧れる人も多いし、同レベルの人からは高い評価を得るのですが、中には反感を抱く人もいることを覚えておきましょう。

また、自分のこだわりに従って「こんなに安いお茶は飲めない」「○○は、あのお店でないと」などとはっきり言ってしまうため、「いやみな性格」ととられることもあります。「バーゲンでものを買うなんて信じられない」と平気で発言し、人の感情を逆なですることもしばしば。

また、絶対に夢を叶えるというガッツが災いし、何がなんでも自分の意志を通そうとするあまり、人の反感を買っているかも。誰もが認める実力や魅力があるので、そんな強引な態度も大目に見てもらっているかもしれませんが、もう少し空気を読むよう心がけると、あなたの魅力をもっとまわりにアピールできるでしょう。

恋愛に関して

恋の相手も高級志向。社会的地位が高くステータスのある人、経済的に自立した人を選ぶ傾向があります。だからといって、頼りたいとか、面倒を見てもらいたいという気持ちがあるわけではありません。あなた自身が常に努力し、ハイレベルな人生を送りたいと考えているので、身の丈に合った人が好きなのです。

憧れの対象になることが多く、いろいろなタイプの人からいい寄られますが、交際の決め手は、「自分とつり合うかどうか」が大きなポイント。自分と同レベルかそれ以上でなければ、相手にしないでしょう。

好きになった人のために生活水準を落とすくらいなら、別の相手を探すほうがいいと割り切れるあなた。一見、クールすぎるようにも思えますが、その方針は間違っていません。あなたが幸せを感じるためには、

◇ LUCKY ◇

ラッキーナンバー **1**

運気的には、トップをとれる「1」のパワーを使って今以上にパワフルに動いていくのが吉。まわりへの気づかいも大事ですが、無理をしてまで人に合わせる必要はありません。自分のやりたいことをどんどん達成していくために、「1」のスピーディーなエネルギーに後押ししてもらいましょう。目指す分野を思う存分追求して、高みに上っていってください。

ラッキープレイス **一流ホテル ／ 高級デパート**

ものも人も場所も、「一流」があなたを磨きます。ゴージャスな場所で最高の気分を味わえば味わうほど、運気は上昇します。

経済的にも社会的にも安定した生活が必須だからです。

　もちろん、メンタルな部分で満たされなければ本当の幸せは訪れないことも重々承知しているはず。しかし、あなたの場合、**物質的に満たされれば、自然と幸せも手に入るでしょう**。そのための知恵があり、また努力もできる人ですから、「これでいいのかな」と迷う必要はありません。

健康に関して

● 低血圧の傾向が。朝は余裕をもって起床して。
● 目の疲れやドライアイに注意。PC作業時は休憩を。

ラッキーカラー　　ゴールド ／ バイオレット

　高級感あふれるゴールドは、トップの座を目指すのに最適なパワーを発揮します。あなたの雰囲気をよりゴージャスにし、気高さも与えてくれるでしょう。また、金運を引き寄せる力も強力です。

　上昇気流に乗るためのカンを磨くバイオレットは、ポジティブな変化を引き起こす働きもしてくれます。バイオレットがもたらすインスピレーションは、夢を達成するためにすばらしい役割を果たしてくれるでしょう。

　イチオシは、ゴールドとバイオレットのアクセサリー。エレガントであか抜けた印象を与えるだけではなく、とびきりの幸運を呼んでくれます。

ラッキーアイテム　　貴石つきの指輪

　ダイヤモンドやサファイアなどの貴石がついた指輪は福を呼ぶとともに、あなたのステータスもアピールできます。

向いている職業	ファッションデザイナー ／ モデル ／ 外科医 ／ 設計士 ／ バレリーナ

　あなたの女王様や王様のような気質と華やかな雰囲気は、モデルやファッションデザイナーのような花形的職業に向いています。特に、美しさを求める気持ちが強く、自分を磨こうという意志が強いので、外見で勝負するモデルや、生まれ持った資質と鍛錬の両方が必要なバレリーナになると、個性を生かせるでしょう。

　勉強家で、常に努力を惜しまないため医師も向いているのですが、中でも花形である外科医になると、さらに能力を発揮できます。

　一方、じっくりと物事にとり組める根気も持っているので、独自のセンスを生かした設計士としても活躍できるでしょう。

　仕事上で大きな成果を上げるためには、途中で妥協したり目標のランクを下げないこと。一度決めた目標は達成できる実力を持っているので、自分を信じて突き進みましょう。

29 日生まれの有名人

- ★ 里田まい（タレント）
- ★ 安倍晋太郎（政治家）
- ★ 八代亜紀（歌手）
- ★ YOU（タレント）
- ★ ペ・ヨンジュン（俳優）
- ★ 野村克也（元プロ野球選手）
- ★ 橋下徹（弁護士）
- ★ 井川遥（俳優）
- ★ 勝新太郎（俳優）
- ★ 尾崎豊（ミュージシャン）
- ★ 秋吉久美子（俳優）
- ★ 高木美保（俳優）
- ★ 濱口優［よゐこ］（お笑い芸人）
- ★ 美空ひばり（歌手）
- ★ 岸本加世子（俳優）
- ★ 押切もえ（モデル）
- ★ 荒川静香（プロフィギュアスケーター）
- ★ 赤川次郎（作家）

- ★ 飯島直子（俳優）
- ★ 西島秀俊（俳優）
- ★ 高嶋政宏（俳優）
- ★ 鶴見辰吾（俳優）
- ★ 田口淳之介（タレント）
- ★ 吉岡聖恵［いきものがかり］（ミュージシャン）
- ★ 伊勢谷友介（俳優）
- ★ 金城一紀（作家）
- ★ きゃりーぱみゅぱみゅ（歌手）
- ★ 錦織圭（プロテニス選手）
- ★ 生駒里奈（タレント）
- ★ 林家ぺー（タレント）

29日生まれをサポートしてくれる人

6日
生まれ

GOOD

21日
生まれ

人間から動植物まで、自然を大切にしている人。一風変わった雰囲気ですが、現実主義のあなたとなぜかウマが合います。あなたの高飛車な発言もニコニコ受け止め、まったく平気。一緒にいても角が立たず、安らぎを感じる相手です。

ぶっちぎりの商才と行動力でビッグな夢をつかみ、スピード感もあるので、あなたの志向とぴったり。お互いに実力を認め合える関係です。21日生まれの子どもっぽいところも愛嬌のうち。仕事ができる者同士、楽しくつき合えるでしょう。

29日生まれとタイミングが合わない人

20日
生まれ

?

27日
生まれ

事務処理が得意で、与えられたことに黙々ととり組む努力家。ただ、やや要領の悪いところがあり、そこがあなたには許せません。その気持ちが態度にも表れ、つい見下した言動をしてしまいそう。イライラしないためには、距離を置くこと。

クールでクリアな判断力を持った人。どちらも勝ち気な性格なので、トラブルが起きたら、一歩も譲らない戦いが起き、なかなか決着がつきません。外から見たらあなたが勝つほうが多いのですが、結果はどうあれ、遺恨を残してしまいそう。

30日生まれ

チャイルド型

全体運

ひとつひとつの行動が派手で、場を盛り上げるリアクションの名人。「わ、すごい！」「へぇ、おもしろいね！」と、いつもノリノリで、手をたたいたり、大声で笑ったりと、めまぐるしく動きながら絶妙の相づちを打つのが得意です。あなたがいるとにぎやかで楽しい雰囲気になるので、酒席では宴会部長的な役割をすることも多いでしょう。ひと言でいえば天真爛漫。社交的で誰とでもすぐ仲よくなれて、ときにはボケ役も演じて笑いをとります。まわりが遠慮なくツッコミを入れられる親しみやすさがあり、誰からも好かれる存在です。無邪気なので、子どもたちにも人気があるでしょう。

愉快なムードをつくるマスコット的な存在でありながら、仕事もきちんとできる人。目上の人に引き立てられて、ちゃっかり夢をつかめる運も持っています。ただしノリがよすぎて、知らないことでも「ウンウン」とうなずき、調子を合わせてしまうことがありそう。度を越すと、信頼できないタイプとみなされ離れていく人もいるので、適当な相づちはほどほどにしておきましょう。

基本的にマイペースで、しかもハイテンション。朝から晩まで、その明るくユーモラスなキャラクターは一貫しています。そこが好かれる理由でもあるのですが、ときには気持ちをクールダウンさせてもいいかも。その場に合った対応ができるようになり、「ひと皮むけたね」と一目置かれるようになるでしょう。

興味の範囲が広く、どこへ行ってもその場をエンジョイする術を心得

●見守り梵字

ています。今後もそのよさを生かし、地に足をつけながら、人生を楽しく過ごす天才として、ときめきに満ちた毎日を送りましょう。それが、あなたの運気アップの「秘策」です。

注意すべきこと

茶目っ気があって人なつっこく、友達も大事にする「いい人」なのに、たったひとつ残念なのは、ときにリアクションが大きすぎること。普段は周囲を明るくする相づちや言動も、場をわきまえないと「ウザい」に変わってしまいます。大人の対応が求められる場面なのに、ウケ狙いでギャグをいってしまったり、大声で笑ったりしてひんしゅくを買っているかもしれません。**配慮のない行動や、はしゃぎすぎにはくれぐれも気をつけて。**

　また、思ったことをそのままいうあっけらかんとした性格なので、あなた自身はストレスがありませんが、まわりは冷や汗もので聞いていることも。親しい人は笑って許してくれる場合も多いでしょうが、上司や先輩からは、これまでも注意されたり、叱られたりしたことがあるのでは？　耳の痛い苦言かもしれませんが、しっかり受け止めましょう。

　ところが、当のあなたはそのときはおとなしくなるものの、3日もたてばせっかくの助言を忘れ、同じ失態を繰り返している可能性もありそう。トップの座にも座れる能力があるのですから、軽はずみな行動でムダにしないように。

恋愛に関して

いつも明るいので男女問わず人気も高く、デートの誘いも多いでしょう。あなた自身は暗い人やまじめそうな人が苦手。自分のリアクションを喜んでくれる人にひかれやすい傾向がありそうです。

ときには、大人の落ち着きを持った人を好きになることもありますが、長続きするのは、同じテンションで一緒に盛り上がってくれる人。**毎日をとにかく楽しく過ごすことが、あなたの生きがいなので、同じ感覚で人生を謳歌できる人とつき合うのが正解です。**そのうえで、どんなに空気を読めない発言をしても笑って許してくれる度量の広さがあると、なおいいでしょう。

仲間とワイワイ騒ぐのが大好きなあなたは、2人きりでロマンチックな夜を過ごすより、グループデートで陽気に過ごしたいと考えるタイ

◇ LUCKY ◇

ラッキーナンバー 25

規律正しさと計画性を与えてくれるのが「25」の特徴。コツコツと物事にとり組む地道さが身につき、落ち着きある行動ができるようになります。浮き足だった気持ちをしずめてくれるので、ひんしゅくを買うこともなくなるでしょう。これまで垂れ流しにしていたあなたのエネルギーを集中させ、ポテンシャルを引き出してくれます。

25秒でいいので、1日に1回瞑想してみましょう。軽く目を閉じてゆっくり呼吸をするだけで十分です。やってみると、25秒が意外に長く感じられるはず。続けるうちに、しっとりとした大人の落ち着きが生まれ、人柄に深みが加わります。

ラッキープレイス 日本庭園 ／ 石畳の道

風格と威厳のある場所で、力強さと安定感を補充。重厚感ある石造りの倉庫や、落ち着きある茶室も集中力を高めてくれるスポット。

プ。しかし、たび重なると、相手は疲れることも。2人だけの時間も大切にしないと、相手の心が離れてしまうこともあるので気をつけましょう。また、楽しい面やいい面だけを見て、相手のマイナス面を見過ごしたままにしていると、後悔することも。相手の人間性をトータルで見るクセもつけるといいでしょう。

健康に関して

● 足のケガや故障に用心。散歩などで筋力アップを。
● 頭痛や肩こり、眼精疲労の予防を心がけて。

ラッキーカラー　　　ブルー ／ ブラック

　冷静さが運上昇のカギとなるあなたには、ブルーがベスト。ささいなことですぐ有頂天になったり、パニクってしまわないように、気分を落ち着かせ、平静さを保てるようになります。クールさが身につくよう、ブルーの小物でデスクまわりをそろえ、いつも視野に入れておくのもひとつの手です。
　気持ちが舞い上がりがちなときは、ブラックでゆるがない心をとり戻しましょう。威厳あるブラックのパワーをもらえば、少々のことではうろたえない度胸と胆力がつきます。ブラックにはどっしりと地に足をつけられる力があるので、プレゼンや会議の前など、「ここ一番！」の勝負時に小物を身につけましょう。

ラッキーアイテム　　　革のスケジュール帳

　毎日の予定をきっちり綿密に書き込むと、仕事運を引き寄せます。シックなデザインで、上質な革のものを選んで。

向いている職業	漫画家 ／ 画家 ／ コメディアン ／ パーティープランナー ／ 公務員

　無邪気な感性のまま大人になったあなたは、漫画や絵の才能が豊か。漫画家や画家としてその才能を生かせます。また、あなたのノリのよさ、リアクションのおもしろさは、周囲の雰囲気をパッと明るく変える力を持っています。

　いつも明るく、周囲を盛り上げることが上手な資質をそのまま仕事に使えば、コメディアンやパーティープランナーとして活躍することができるでしょう。自分自身も、楽しいことや人を喜ばせることが大好きなあなたにとって、これらの仕事は天職といえるかもしれません。一方で、あなたは公務員などのおかたい仕事も堅実にできる人。明るい個性はそのままで楽しく仕事し、職場のムードメーカーになれるでしょう。

　誰からも愛されるキャラクターのあなたですが、気をつけたいのは、あまりマイペースになりすぎないこと。また、仕事中は、リアクションはほどほどにおさえておきましょう。

30 日 生 ま れ の 有 名 人

★石原慎太郎（政治家）
★東山紀之［少年隊］（歌手）
★宮崎あおい（俳優）
★中尾明慶（俳優）
★井上陽水（ミュージシャン）
★キャメロン・ディアス（俳優）
★松本潤［嵐］（タレント）
★仲間由紀恵（俳優）
★板倉俊之［インパルス］（お笑い芸人）
★吉村由美［PUFFY］（歌手）
★石川さゆり（歌手）
★君島十和子（美容家）
★元木大介（元プロ野球選手）
★セリーヌ・ディオン（歌手）
★常盤貴子（俳優）
★酒井敏也（俳優）
★千原ジュニア［千原兄弟］（お笑い芸人）
★富澤たけし［サンドウィッチマン］（お笑い芸人）

★古閑美保（プロゴルファー）
★潮田玲子（元バドミントン選手）
★ローラ（タレント）
★満島ひかり（俳優）
★夏帆（俳優）
★福士蒼汰（俳優）
★鬼束ちひろ（歌手）
★ノブ［千鳥］（お笑い芸人）
★タイガー・ウッズ（プロゴルファー）
★尾上松也（歌舞伎役者）
★清原果耶（俳優）
★菱わかな（俳優）
★矢部太郎［カラテカ］（タレント）

サポートしてくれる人と
タイミングが合わない人

30日生まれをサポートしてくれる人

16日
生まれ

GOOD

25日
生まれ

　義理人情に厚く面倒見がいい人。頼りがいがあり、いざというときは、身を呈して守ってくれることも。また、優しさの中にも厳しさをもって、あたたかく導いてくれます。16日生まれの助言は、心して聞きましょう。

　母親のようなあたたかさがあり、いつもあなたのことを思って接してくれます。どんなことをしても笑って許してくれる、広い心を持った人。一緒にいるとのびのびとリアクションできるので、あなたの個性がより引き出されるでしょう。

30日生まれとタイミングが合わない人

10日
生まれ

?

12日
生まれ

　パーフェクトな仕事が手早くできる実務家。抱える仕事が多くいつも忙しいため、せっかくのリアクションも10日生まれのウケはイマイチ。それどころか、近くにいるとグチを延々と聞かされブルーな気持ちになりそうです。

　興味のあること以外は、本当に関心が薄いタイプ。自分の世界でひとり遊びするのが好きなので、あなたのことは眼中にないことも多いでしょう。何をやっても反応がなく、肩すかしを食らうこともしばしば。リズムがまったく違う相手です。

31日生まれ

ピラミッド型

全体運

あなたは友人をとても大切にする平和主義者。気さくで信頼できる人柄なので人望が厚く、まわりに盛り立てられて、どんどん上っていける運を持った人です。

他人の小さな力を上手にまとめて、成果を出すのも得意。**励ましながら人を育てたり、相手の個性を見極め、才能を伸ばしたりできる生来の才能を備えています。**人を適材適所でうまく使いながら、信頼できるリーダーとして実力を発揮します。

いつも穏やかで協調性にあふれ、陰口をいったり、感情的になって相手を非難したりすることもありません。また、人に頼られて、他人のいさかいやケンカを仲裁することもしばしばなので、恩を感じている人は多いでしょう。あなたのためなら、どこにいてもすぐ駆けつけるという人はたくさんいるはずです。このように、対人力にすぐれていて、いつでも無難に対応するのですが、まったくいやみに見えません。プライドの出し方も心得ているため、どんなときも誇りを失わない人として尊敬されているでしょう。

ただ、仕事ができて人の面倒も見るので、四六時中オーバーワーク気味なのが心配なところ。頼まれたらイヤといえず、全力投球でかかわってしまい、心身ともに消耗することも多いかも。たまには息抜きの時間をとり、心の洗濯をしましょう。

まわりの助けも借りながら、ひとつひとつ実績を重ねて高みに上っていけるあなた。今の幸せは、人への思いと誠実さが形づくっています。

それさえ忘れなければ、これからも仲間とパーティーをしているような楽しさで、世の中を悠々と渡っていけるでしょう。

注意すべきこと

人のために動くのは得意ですが、自分を癒やすのは苦手な傾向があります。なんでもよく気がつくので、あれこれと人の世話を焼いてしまうマメな性格が少しアダになっているところもあるかも。

面倒を見なくてもいいところまで手を出してしまったり、家族や仲間を喜ばせるために先回りして道をつけてあげたりしているのでは？ 余裕があるときはOKですが、心身が消耗するまでやるのは避けましょう。

また、いいかげんなことができないタイプなので、小さな頼まれ事でも手抜きをせず過剰なエネルギーを傾け、自分を追いつめていることもありそうです。疲れ切っていても体にムチ打ってがんばり続け、燃えつき症候群にならないように気をつけて。**他人を優先させて、自分をおろそかにしがちな点は今後あらためていきましょう。**

自分のことを後回しにして人のために奔走するのを、まずやめること。また、いつも人から相談を受ける立場なので、自分が腹を割って相談できる相手に本音を聞いてもらうことも大切です。

恋愛に関して

世話好きなので、こまめに相手の面倒を見てあげたくなるタイプ。あれこれと世話を焼いたり、相手の可能性を見いだし育てることに生きがいを感じます。「いつも、ありがとう」といわれると、がぜん張り切り、さらに相手につくすでしょう。

無鉄砲な恋はしないので、恋愛での失敗はどちらかというと少ないほう。しかし、情が深すぎて冷静な見極めができないこともありそうです。なので、依存心の強い相手や自己中心的な相手にかかわってしまうと、ずるずると流されて、ずっと面倒を見続けることになるかも。

頭では別れたほうがいいとわかっていてもなかなか切ることができず、あなたひとりががんばる関係に陥ってしまいそうです。「どんな人を好きになるか」で、今後の人生が大きく変わるかもしれません。**基本**

◇ LUCKY ◇

(ラッキーナンバー) **16**

出世運が高まる「16」で、リーダーとしてますます活躍できるようになるパワーを。男性的な強さや厳しさが加わり、人をまとめる力がさらにアップします。神仏や先祖の守護も強まるので、運の流れがいいほうへ導かれていくでしょう。

16日には、仏壇や神棚に手を合わせて、いつも守ってくれることへの感謝の言葉を送りましょう。小物や手帳などに「16」の数字シールを貼って、身のまわりを固めると、インスピレーションが高まり、より早く目標達成へと近づけます。

(ラッキープレイス) **劇場／コンサート会場**

大勢の力を集めてつくり上げるパフォーマンスを鑑賞すると、気力が充実し、エネルギー全般が活性化。運の波に乗りやすくなります。

的には恋愛が長続きする人なので、気持ちの切り替えを上手にできるようになれば大丈夫。慎重に相手を選ぶこと、ダメな人につくしすぎないことを肝に銘じて。

　本当に幸せにしてくれるのは、あなたをケアし、応援してくれる人。自分は自立していて、あなたが疲れたり迷ったりしたときにフォローしてくれる人ならば、いつもベストな状態で過ごせます。

健康に関して

● 手のマッサージで冷えを予防し、健康づくりを。
● 早めにストレスを発散し、神経性胃炎を防いで。

ラッキーカラー　　マゼンタ ／ グリーン

　マゼンタ（明るい赤紫）には、疲れた心と体を癒やす効果が。ホルモンバランスが調整されるので体調もよくなり、気分が安定します。また、美しさを引き出す効果があり、自分磨きに最適です。優しさが足りないと感じたときは、マゼンタのエネルギーを補給しましょう。いつでもエネルギーを受けとれるように、下着やアクセサリーなど身につけるものにとり入れて。

　グリーンもマゼンタと同じ癒やし効果がある色。緊張を解き、心をほぐしてくれます。健康面を強化し、がんばりすぎのあなたの疲れをとってくれるでしょう。仲間と協力して物事を達成するときにも役立つ色です。リフレッシュしたいときは、グリーンサラダで新鮮なパワーをとり入れましょう。

ラッキーアイテム　　カレンダー

　日めくりではなく、1日〜31日がひと目で見渡せるタイプのもの。三角錐形の木、ピラミッドなどの写真や絵がついていれば、さらに運気がアップ。

<table>
<tr><td>向いている職業</td><td>教師 ／ スカウトマン ／
客室乗務員 ／
通訳 ／ 外交官</td></tr>
</table>

　あなたは人を見抜く能力が高く、相手の才能を引き出し育てていくのがとても上手。その能力が生かせる教師は、うってつけの職業です。また、人を見る目を生かしてスカウトマンとしても活躍できそう。ダイヤの原石のような才能を見つけ、一流になるまで育てていけるでしょう。

　こまやかな気配りで人をケアできるので、客室乗務員も適職。リーダーとして人の資質に合った指導が得意なあなたは、チーフアテンダントも目指せます。また、通訳や外交官は、さまざまなタイプの人と上手にコミュニケーションをとり、その場に合った的確な対応が求められるむずかしい仕事。しかし、あなたなら人と人とをつなぐ力を発揮し、活躍できるでしょう。

　ひとりで黙々とやる仕事よりも、多くの人とかかわり常に新しい人間関係を築いていける職種がおすすめ。仲間づくりが得意なあなたの個性を生かせて、より多くのサポートが得られるでしょう。

31 日 生 ま れ の 有 名 人

★舘ひろし（俳優）
★眞鍋かをり（タレント）
★江口洋介（俳優）
★大黒摩季（歌手）
★中越典子（俳優）
★鈴木京香（俳優）
★有吉弘行（お笑い芸人）
★徳川家康（江戸幕府初代将軍）
★真矢ミキ（俳優）
★石黒賢（俳優）
★香取慎吾（タレント）
★中山秀征（タレント）
★別所哲也（俳優）
★山本耕史（俳優）
★ジャスティン・ティンバーレイク（歌手）
★鈴木宗男（政治家）
★石野真子（俳優）
★山内惠介（歌手）

★日髙のり子（声優）
★糸井嘉男（元プロ野球選手）
★黛まどか（俳人）
★水森かおり（歌手）
★野茂英雄（元メジャーリーガー）
★須田亜香里（タレント）
★俵万智（歌人）
★東貴博（タレント）
★市井紗耶香（タレント）
★KONISHIKI（元大相撲力士）
★ケンブリッジ飛鳥（陸上競技選手）

サポートしてくれる人と
タイミングが合わない人

31日生まれをサポートしてくれる人

18日
GOOD
生まれ

27日
生まれ

どっしりとした大樹のような安定感があり、人を見る目も確か。優しすぎる面のあるあなたをしっかりフォローし、場をまとめてくれます。まじめで誠実な人柄なので、安心して相談ができる相手です。

すぐれた判断力と決断力を持った人。合理的に物事をとらえ、いつも最善の道を見つけ出します。迷いが生じたときは27日生まれのクールな知性が頼りになるでしょう。情に流されない冷静なアドバイスは、大きな助けになるはずです。

31日生まれとタイミングが合わない人

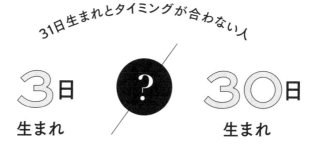

3日
?
生まれ

30日
生まれ

明るく楽しいキャラの人気者。疲れを知らない子どものように、いつもパワフルで実力もあります。しかし、自分の道を突き進むので、後ろから追いかけて軌道修正してあげる必要が。常に全体のバランスを見てあげなければならない相手。

天真爛漫でリアクションがやたらと派手。周囲に合わせることが苦手なので、場の雰囲気を壊して、せっかくの苦労を水の泡にすることも。本人に悪気はなく、愛すべき人物ではあるのですが、とにかく振り回されそう。

シウマ 琉球風水志

1978年6月13日生まれ。沖縄県出身。
琉球風水師である母の影響で琉球風水を学び始めたのち、姓名判断や九星気学などをもとにした独自の「数意学」を考案。のべ5万人以上を鑑定。多くの企業経営者、著名人からの支持を得ている。『突然ですが占ってもいいですか？』（フジテレビ系）など、多くのメディアやイベントへの出演も行っている。『スマホ暗証番号を「8376」にした時から運命は変わる！』（主婦と生活社）など著書多数。
Instagram：@shiuma33

アートディレクション	江原レン（mashroom design）
装丁・本文デザイン	前田友紀（mashroom design）
イラスト	岡本倫幸
文	江藤千富美、宮上徳重
校正	荒川照実
DTP制作	鈴木庸子（主婦の友社）
編集アシスタント	糸井里未（主婦の友社）
編集担当	秋谷和香奈（主婦の友社）

※本書は『コミュ力が上がる 最新31日占い』（2017年 主婦の友社刊）を加筆、修正のうえ、再編集したものです

生まれた日にちで性格がわかる！
シウマの31日占い

2023年6月27日　第1刷発行
2024年3月31日　第6刷発行

著　者　シウマ
発行者　平野健一
発行所　株式会社主婦の友社
　　　　〒141-0021
　　　　東京都品川区上大崎3-1-1 目黒セントラルスクエア
　　　　電話 03-5280-7537（内容・不良品等のお問い合わせ）
　　　　　　 049-259-1236（販売）
印刷所　大日本印刷株式会社

©SDM Co., Ltd. 2023　Printed in Japan　ISBN 978-4-07-454988-7

■本のご注文は、お近くの書店または主婦の友社コールセンター（電話0120-916-892）まで。
＊お問い合わせ受付時間　月～金（祝日を除く）10:00～16:00
＊個人のお客さまからのよくある質問のご案内　https://shufunotomo.co.jp/faq/

※本書に記載した情報は、本書発売時点のものになります。